教育部哲学社会科学研究普及读物项目

Popularized Readers of Humanities and Social Science Sponsored by the Ministry of Education

中国区域经济新版图

Regional Economy: A New Map of China

周立群 等·著

江苏人民出版社

江苏凤凰美术出版社

著　者

周立群　王　静　秦　静　肖雅楠
张龙鹏

总　序

　　纵观党的历史，我党始终高度重视实践基础上的理论创新，坚持用理论创新成果武装全党，教育人民，引领前进方向，凝聚奋斗力量。七十多年前，著名的马克思主义哲学家艾思奇撰写的通俗著作《大众哲学》，引领一代又一代有志之士选择了正确的人生道路，影响了中国几代读者。

　　党的十八大以来，习近平总书记把握时代发展新要求，顺应人民群众新期待，提出了一系列新思想、新观点、新论断、新要求，这些推进理论创新的最新成果用朴实、生动的语言，以讲故事、举事例、摆事实的方式与人民同频共振、凝聚共识，增强了人民群众对中国特色社会主义理论体系的认同感和知晓度，凸显了当代中国马克思主义大众化、群众性的基本特征，成为新时期理论创新大众化的新典范。

　　高等学校学科齐全、人才密集、研究实力雄厚，是推进马克思主义中国化时代化大众化、普及传播党的理论创新成果的重要阵地。汇聚高校智慧，发挥高校优势，大力开展优秀成果普及推广，切实增强哲学社会科学话语权，是高校繁荣发展哲学社会科学的光荣任务、重大使命。

　　2012 年，教育部启动实施了哲学社会科学研究普及读物项目。通过组织动员高校一流学者开展哲学社会科学优秀成果普及转化,撰写一批观点正确、品质高端、通俗易懂的科学理论和人文社科知识普及读物,积极推进马克思主义大众化,阐释宣传党的路线方针政策,推广普及哲学社会科学最新理论创新成果,让中国特色社会主义理论体系和党的路线方针政策,更好地为广大群众掌握和实践,转化为推进改革开放和现代化建设的强大精神力量。与一般意义的学术研究和科普类读物相比,教育部设立的普及读物更侧重对党最新理论的宣传阐释,更强调学术创新成果的转化普及,更凸显"大师写小书"的理念,努力产出一批弘扬中国道路、中国精神、中国力量的精品力作。

实现中华民族伟大复兴的中国梦必将伴随着哲学社会科学的繁荣兴盛。我们将以高度的使命感和责任感,坚持学术追求与社会责任相统一,坚持正确方向,紧跟时代步伐,顺应实践要求,不断加快高校哲学社会科学创新体系建设,为不断增强中国特色社会主义道路自信、理论自信、制度自信,推动社会主义文化大发展大繁荣作出更大贡献!

教育部社会科学司

2014 年 4 月 10 日

目　录

专栏目录

图表目录

概　论

　　自改革开放以来,随着"摸着石头过河"的试水探海战略国策的确立,我国通过重点开发区的试点建设完成了发展社会主义市场经济思维方式的转变,在全国迅速推广了以重点开发区为增长极的发展模式,进行了一系列的市场经济改革,推动我国经济在不断"试错纠错"的制度创新中快速前行。目前,我国已经成为世界第二大经济体,正在从世界工厂转向科技、金融与贸易强国,我国经济版图也已经焕然一新。我国区域经济格局的变化充分展现了我国经济大起飞的辉煌成就,是我国改革开放大变迁的宏观写照,是中国经济崛起与前行方向的重要标示。

　　经济版图变化与区域经济发展战略的演变密不可分,纵观改革开放前后新中国经济版图的发展与变化,大致可以分为以下几个阶段。1949—1978 年为第一阶段,我国区域经济发展战略强调区域经济广泛的平衡促进与重要工业内移;1978—1991 年为第二阶段,区域经济发展战略是以特区为改革开放的突破点,进而引申出梯度集约式的发展战略;1991—2010 年为第三阶段,开始了区域经济协调发展阶段,进而形成工业反哺农业和东部反哺中西部的发展局面;2010至今为第四阶段,强调的是贯通东西和串联南北的经济带与城市群建设,并以"一带一路"的国际化布局推动中国经济版图的边界向更广泛的国际领域延伸。

一、改革开放前的平衡促进与重要工业内移

新中国成立初期,我国生产力分布极为不平衡,地域辽阔的中西部地区工业产值仅占全国工业总产值的30%左右。为了应对国际封锁等恶劣形势,改变我国一穷二白的处境及工业布局严重失衡的状况,毛泽东阐述了一个重要的观点:"新的工业大部分应当摆在内地,使工业布局逐步平衡,并且利于备战,这是毫无疑义的。"因此,自新中国成立初到改革开放以前,我国区域经济发展战略强调的是地区间的均衡发展,其出发点和目的主要是备战和平衡促进工业发展(这在大跃进时更为突出)。当时,我国区域经济均衡发展战略的基本内容主要表现在三个方面。

第一,有限的资金大量投入内地。在"一五"计划(1953—1957年)期间,苏联援建工程156项,其中32项投入沿海地区,118项投向内地;全国动工修建的限额以上工业建设项目694项,其中222个分布在沿海,472个分布在内地。在"一五"期间,政策主要向内地倾斜,内地工业得到了较多发展。这初步奠定了集中有限资源发展重点地区的经济发展模式,但这种违背区位优势的发展模式有悖于经济发展的正常规律。

第二,划分经济协作区,建立独立的区域工业体系。1958年,中央设立东北、华北、西北、华东、华中、华南和西南七大"经济协作区",成立大协作区委员会,负责编制区域经

济计划,组织区域内部的经济协作,均衡经济区域的发展。此后,各省市甚至各县都在致力于建立独立的、自成系统的工业体系。这使散乱的经济得以条理化和有序化,初步构建起各区域生产力竞赛和竞争的经济发展格局,对经济的发展具有促进作用,但也为日后资源浪费的重复建设和条块分割等弊病的出现埋下伏笔。

第三,以备战为目的的"三线建设"。20世纪60年代初,国际形势的变化使得我国周边局势严峻。基于备战考虑,国家在区域经济发展上划分出"一线、二线和三线"地区,"三线"地区主要指中西部腹地。在"三线建设"时期,国家有计划地将一大批沿海工业企业逐步搬迁到三线地区,投资也大幅度向三线地区倾斜。其间,由于建设地点过于偏僻,一定程度上造成了企业经营的不便和资源的浪费,但"三线建设"建立和健全了中西部地区的工业体系,成为日后中西部地区工业化的重要基础。

区域经济均衡发展战略的实施改善了我国生产力布局不平衡的状况,加快了中西部地区的工业化进程,缩小了东中西部地区间的经济差距。建国初期,内地与沿海的企业数相当,但到了1978年,内地企业数超沿海地区4.4万家。此外,在1952年,沿海工业固定资产原值超过内地,而到了1978年,内地工业固定资产原值反超沿海地区。而从工业总产值来看,沿海与内地工业总产值之比由1952年的2.26∶1下降到1978年的1.56∶1,说明我国的区域经济差距明显缩小,内地经济实现了快速增长。这一系列发展与成就虽然是权宜之计,也有较大弊端,但为改革开放的大发展和我国从发展中国家中强势崛起奠定了基础。

随着国际形势的趋好和经济发展的深入,这种平衡促进和主要工业内移的弊端日益显现。第一,区域经济发展战略未遵循生产力发展的客观规律,人为抑制了东部沿海地区的发展,忽略了区位优势在经济发展上的重要作用,形成了资源配置极不合理的低水平均衡;第二,过多在经济欠发达地区进行投资,导致不能将有限的资源集约而高效利用,使得增长极错位,产业、企业间不能建立正常的经济联系,促进区域经济发展的作用有限。

这一时期的发展模式属于内陆封闭型的发展模式,不是发达国家那种具有海洋思维底蕴的开放与共赢的发展模式,仅能在特定历史时期下起权宜之计作用。在国内外形势好转的情况下,尤其是在“以经济建设为中心”的大政方针树立之后,要实现经济崛起和四个现代化的重要目标,就必须突破这种不合理的经济框架。

二、改革开放试点的突破与发挥区位优势的梯度集约式发展

认识到了旧有体制的弊端后,国家于 1978 年开始了改革开放的新时期。在改革开放之初,邓小平高瞻远瞩地提出了“试错纠错”的方式来进行改革开放的探索与发展,政策向优先发展的“试点特区”倾斜。

为了保证改革开放的成功,国家给予东部地区一系列政策支持。1979 年,中央决定率先在广东、福建实行灵活的经济政策,对此又设立了深圳、珠海、厦门、汕头四个经济特区。

之后,特区经济的建设与发展取得了巨大成功,尤其是深圳的巨大发展和变化,使改革开放的市场经济观念以及注重区位优势的非均衡发展获得了广泛认同。特区经济的迅速崛起对突破传统旧思想的束缚具有鲜明的示范功效,对发展市场经济共识的形成和全面带动并促进全国经济的大发展起到了极为重要的作用,引领中国经济进入到飞速发展和加快追赶发达国家的新时期。

在特区经济成功经验的影响下,1984 年,中央决定进一步开放沿海 14 个港口城市,包括大连、秦皇岛、天津、烟台、青岛、连云港、南通、上海、宁波、温州、福州、广州、湛江和北海;1985—1987 年,中央政府又划定珠江三角洲、长江三角洲、闽南三角洲地区以及山东半岛、辽东半岛为经济开放区;1990 年 6 月中央批准了上海浦东新区的开发与建设。这一系列的对外开放政策逐步形成了经济特区—沿海开放城市—沿海开发区的东部地区对外开放格局。从“六五”计划开始,中央政府的投资明显向东部沿海地区倾斜。

“七五”计划第一次将中国经济版图划分为东部、中部、西部三大经济带。当时的东部地区包括北京、天津、河北、辽宁、上海、江苏、浙江、福建、山东、广东、广西、海南 12 个省市,中部地区包括山西、内蒙古、吉林、黑龙江、安徽、江西、河南、湖北、湖南 9 个省区,西部地区包括四川、贵州、云南、西藏、陕西、甘肃、青海、宁夏、新疆 9 个省区。1997 年全国人大八届五次会议决定设立重庆为直辖市,并将其划入西部地区,由此西部地区所包括的省级行政区由 9 个上升为 10 个。这正式明晰了率先发展和跟进发展的区域层次。

作为非平衡发展的深化,邓小平更加明确地提出了"两个大局"的发展模式。即:东部沿海地区要充分利用其区位优势等有利条件,加快对外开放,尽快地先发展起来,中西部要顾全这个大局;当发展到 20 世纪末全国基本达到小康水平的时候,就要拿出更多的力量帮助中西部地区加快发展,东部沿海地区也要服从这个大局。这正是我国梯度发展理论形成的重要基础和内在核心思想。

这种非平衡的集约式发展战略既是前期集中优势兵力逐个突破发展政策的延续,更是充分利用区位发展的优势来顺应经济发展的规律,开创了"有所为而有所不为"的中国经济大发展的新模式,促成了中国经济的高速发展。

三、协调发展与东部反哺中西部

在东部地区经济率先快速增长之后,中国经济的整体实力得以迅速壮大,然而东部与中西部区域经济差距的扩大严重影响了我国经济整体发展的前进步伐。

另一方面,我国工业集中在东部地区,而中西部地区拥有丰富的自然资源。在区域非均衡发展战略下,中西部地区向东部地区输出能源、矿藏等廉价的初级产品和超低价的劳动力,而输入的是东部地区高价的加工产品,东部地区获得了"双重利润"。为了加快本地区经济增长速度和充分利用自身资源优势来缩小与东部地区的经济差距,中西部地区也开始向高利润的加工业投资。这样,各地区为了发展和保护自身的经济利益,往往实施地方保护主义,阻碍了地区间贸易和要素流动,导致全国统一市场难以形成。

因此,中西部地区的缓慢发展与中国经济崛起的情形极不匹配,中西部地区的跟进发展急需国家和东部地区的扶助。同时,东部经济的发展已出现其充分利用地缘优势向腹地和西部推进的趋势,解决东部与中西部经济发展差距等问题的条件已提前具备。

为实现区域经济的协调发展,国家于 1991 年开始强调区域经济的协调发展,并先后实施西部大开发和促进中部地区崛起等重大区域发展战略,从而使中西部地区经济增长迈上了新的台阶。

"八五"计划(1991—1995 年)提出的区域经济发展战略是"根据统筹规划、合理分工、优势互补、协调发展、利益兼顾、共同富裕的原则,努力改善地区结构和生产力布局";"正确处理发挥地区优势与全国统筹规划、沿海与内地、经济发达地区与较不发达地区之间的关系,促进地区经济朝合理分工、各展所长、优势互补、协调发展的方向前进"。在国家实施西部大开发和振兴东北老工业基地战略后,将原属于东部地区的广西、中部地区的内蒙古划入西部地区,原属于中部地区的吉林和黑龙江划到东北地区。自此,中国经济版图大体确定为东部、中部、西部、东北四大区域。可以看出,"八五"计划针对区域非平衡发展战略的缺陷,在效率优先的同时,补充了"兼顾公平"的原则,强调了区域经济的协调发展。国家"九五"计划(1996—2000 年)进一步明确提出了"坚持区域经济协调发展,逐步缩小地区发展差距"的方针,区域经济协调发展战略在这个时期全面深化。

在进入这一阶段的发展时,东部经济的优先发展已经为我国经济创造了大量的财富和丰富的经验,为中西部的跟进发展夯实了基础,东部利用其资金、科技、管理经验和高端人才等优势来反哺中西部也到了梯度递进和"服从大局"的阶段。这种东部反哺中西部和东部协助中西部发展的格局,自然而然地推动了我国经济发展战略向经济带、城市群和一带一路等方面转变。

四、经济带、城市群与"一带一路"

随着东部经济与中西部经济协调发展的深化,众多地区的协同发展促成了各大经济带的自然凝聚。

广东在 2003 年倡导的"泛珠三角区域合作"很快发展成为 9+2 地区经济合作,尽管 2016 年 3 月颁布的《国务院关于深化泛珠三角区域合作的指导意见》仍然称之为"泛珠三角区域合作",但其实际上早已构成了珠江流域 9 省加上香港和澳门两个特别行政区的"泛珠三角经济带"。这一经济带的先行先创,为我国"两横三纵"、"长江经济带"、"环渤海经济带"的协调发展和东部反哺中西部起到了的先导作用。其"粤港澳大湾区"、"西海岸合作区"和天然要塞海南省的扩建及其与东盟的密切联系与合作,都为"一带一路"的发展起到了基石和引领作用。

自 2010 年以后,区域的经济政策更加具体、科学,对国土空间的划分超越了常规粗放的东中西部划分方式,在可持续发展的理念基础上,顺应不同区域的资源环境承载能力、现有开发强度和发展潜力,统筹谋划人口分布、经济布局、国土利用和城镇化格局,首次将中国经济版图划分为优化开发

区域、重点开发区域、限制开发区域和禁止开发区域,构建了
以"两横三纵"为主体的城市化发展战略格局,开始了对环渤
海、长江三角洲、珠江三角洲地区的优化开发和对哈长、长江
中游、成渝等地区的重点开发。这样,以环渤海、长江三角
洲、珠江三角洲地区为龙头的大经济带的经济发展格局已具
雏形。

　　在 2013 年,中央城镇化工作会议提出了"两横三纵"的
城市化战略格局。"两横"的陆桥通道和长江通道,犹如中国
经济协同发展中的二脉,是贯穿东西以及融聚和辐射南北的
大动脉。陆桥通道与古丝绸之路相重叠,东起连云港西至阿
拉山口,构成亚欧大陆桥的重要部分。新建设的长江沿线通
道则东起上海西经成都直至拉萨。"三纵"是由沿海、京哈京
广、包昆通道构成的三条纵轴。"两横三纵"沿线城市群的发
展是维护和发挥各大通道功能的重要支点。其中包括优化
开发的 3 个特大城市群(即环渤海、长三角、珠三角)和重点
发展的 8 大城市群(哈长、闽东南、江淮、中原、长江中游、关
中平原、成渝和北部湾)以及轴线上其他城市化地区。"两横
三纵"是以线串点(城市群)、以点带面地全面理顺城乡发展
的重大布局,能够大幅推进城市化的步伐。目前,已经有 31
个城市群布局在这"两横三纵"之中,这些城市化地区容纳着
我国 70%人口和大部分经济总量,其经济活力巨大。

　　这些崛起的城市群有利于产业西移和发挥东部的辐射
功能与带动作用,有利于我国在交通、能源、矿藏、环保以及
劳动力转移等方面的协调治理,能更好地促进中西部、东北
以及边疆僻壤地区加速发展。

2014 年底召开的中央经济工作会议提出,要优化经济发展空间格局,促进各地区协调发展、协同发展和共同发展,继续实施西部开发、东北振兴、中部崛起和东部率先的区域发展总体战略。此次会议还明确了重点实施京津冀地区协同发展、"一带一路"协调发展、依托黄金水道建设长江经济带的三大国家战略。

在 2013 年,习近平主席就曾倡议共建"丝绸之路经济带"和"21 世纪海上丝绸之路",获得了广泛的关注与支持。随着"一带一路"建设的深入发展,2015 年国务院正式发布了《推动共建丝绸之路经济带和 21 世纪海上丝绸之路的愿景与行动》,标志着"一带一路"新格局建设已成为重大的战略国策。"丝绸之路经济带"是"陆桥通道"的拓展和延伸,"21 世纪海上丝绸之路"强化了"三纵"中的"沿海纵轴"的重要地位,尤其凸显了统摄南海的海南省的重要地缘地位。"一带一路"的构建实际上是与"两横三纵"、各主要经济带和城市群的构筑以及与世界经济急需再发展等情形相机而生的,其并不仅拘泥于此,而是中国经济全面深化开放和走向世界的重要范式。

"一带一路"已经成为激励国内各区域持续发展的重要举措,也是中国经济"走出去"的自生能力不断增强和内部整体活力日益充沛的必然取向,更是世界经济体急需共享中国经济成果和互生共赢的重大发展。"一带一路"加快了中国经济"走出去"的国际化布局,推动着中国经济版图的边界向更广泛的国际领域延伸。

在 2014 年,国务院出台了《关于依托黄金水道推动长江经济带发展的指导意见》，重点是推动长江上中下游地区的协调发展，为中国的全面协调发展"构建横贯东西、辐射南北、通江达海、经济高效、生态良好具有全球影响力的内河经济带。"这与"两横"中"沿长江大通道"相重叠，将"沿长江大通道"上升为更为广泛和更具活力的贯穿我国东西和带动全国协调发展的中轴核心经济带，成为完善长江中下游城市群建设与治理的重要保障。

2015 年 9 月，国务院批准了《环渤海地区合作发展纲要》，实际上明确了环渤海经济带的形成。《环渤海地区合作发展纲要》指出："环渤海地区位于我国华北、东北、西北三大区域结合部，包括北京市、天津市、河北省、辽宁省、山东省和山西省、内蒙古自治区，面积 186 万平方公里，2014 年末常住人口 3.14 亿人，地区生产总值 18.5 万亿元，分别约占全国的 19.4%、23% 和 27%。环渤海地区幅员广阔、连接海陆，区位条件优越、自然资源丰富、产业基础雄厚，是我国最具综合优势和发展潜力的经济增长极之一，在对外开放和现代化建设全局中具有重要战略地位。"随着京津冀一体化的深入整合，环渤海经济带的新型发展模式已露端倪。

自此，中国经济版图向经济带、城市群和"一带一路"的发展格局跃升。这种具有国际视野的经济带与城市群纵横交布、互通互生的格局，将国内外不同区域的经济发展紧密地协调起来，构成国内城市群与农业空间以及生态环境之间合理的发展体系，形成更集约、更高效的区域发展格局，汇聚起更巨大的经济动能，融合成动力澎湃和生机盎然的内在的活力。

　　以上是对我国经济发展与区域版图变化的简要回顾，由此可以更好地了解这本《中国区域经济新版图》的重要内涵，能够更深刻地明晓今日中国经济所发生的巨大变化、辉煌成就和蓬勃生机。

　　基于上述我国经济格局最新的发展情形与趋势，本书没有采用常规的东部、西部、中部、东北四大区域模式，而是将经济版图、生态版图、区域合作版图、国际发展版图以及中国经济发展脉络的时空要点与趋向糅而合一来编撰的，是在经济新常态背景下对我国经济版图的全新梳理。这本书是一本简明的通俗读物，配有图表使其更有直观性，其中一些重要概念随篇就章地进行了专栏介绍。

　　这本《中国区域经济新版图》开篇于经济蓬勃发展的泛珠三角地区，以经济扶摇直上的长三角和长江经济带为第二篇，以梯度分明的华北和东北地区为第三篇，收篇于适时发展的中西部地区。其中，不仅从区域基本概况、区域经济发展、区域对内对外经济合作方面对中国区域经济版图加以介绍，而且概述了中国经济版图向国际延伸的现状。其编撰顺序完全顺应了我国改革开放的时空要点的发展脉络，以区位优势为版图划分的内在逻辑，以各地区的成就、活力和薄弱之处来揭示其发展的潜力与趋向。

　　本书第一篇是蓬勃发展的泛珠江三角洲地区。这一地区率先构成了包括内陆 9 省加香港和澳门两个特别行政区的海陆共济的"9＋2"区域发展板块，不同经济体制的融合与相互剔粗取精以及相关地区的优势互补，促进了该地区的蓬勃发展之势，书内许多最新的数据和大量明晰的图表都是很好的说明。

从中可以看到直面海风的广东与福建、大西南宝库云贵川黔、潜力迸发的赣湘琼加之海之骄子香港和澳门的不同的发展风貌,还可以知晓泛珠江三角洲地区是我国最早进行改革开放的地区。

从改革开放的发端地深圳到广东与福建自由贸易试验区,从"小珠三角"经济圈到"泛珠三角"经济带,从"大湾区"和"台湾海峡西海岸经济区"到"北部湾经济区"和"泛湄公河流域",从蓝色的福建一直到"21 世纪海上丝绸之路"重要"出入口"南海的海南,这一区域都始终位于"先行先试"和迅速蓬勃发展的前列,也充分体现了中国经济内部开放由"点"到"线"再扩而成"面"的发展脉络。

这里需要特别提及的是,中国第一个增长极深圳特区以及广大与福建的直面海外发达经济体的市场经济之风的成功改革,从经济意识形态上彻底改变了国人大众的古老观念,可以说海洋贸易经济思想与陆内贸易经济思想有着质的差异,中华民族在这场经济基础的大变革中取得飞跃发展。这种经济增长极的带动与促进作用甚至超过经济层面。正是基于此,中国经济整体的大飞跃以及迎风出海势在必然。

第二篇描述了扶摇直上的长江经济带的发展。长江经济带包括上海、江苏、浙江、安徽、江西、湖北、湖南、重庆、四川、云南和贵州的 9 省 2 市,幅员辽阔,江湖密布,资源丰富,历史文化悠久,既是中华民族的重要发祥地,又是我国经济实力最为雄厚、社会发展水平较高、增长潜力巨大的地区。

从此篇可以看到,在"龙头"上海、"龙颈"江苏和浙江以及"龙腰"重庆的带动下,自 20 世纪 90 年代以来,长江经济带在工业化、现代化和国际化等方面发展迅猛,产业结构转换的"供给侧"发展十分突出,经济总量呈喷发式增长,具有"黄金海岸"和"黄金水道"的双重优势和叠加效应,是我国发展外向型经济的前沿阵地。尤其是上海,作为"一带一路"、长江经济带、"四个中心"建设、上海自贸区、上海合作组织、亚信会议、金砖国家开发银行等多种国家战略整合的重要支撑地,在全国的经济发展中具有极为重要的战略地位。上海已成为中国经济面向大海远洋而高高昂起的龙头。

第三篇将发展"梯度分明"的华北与东北地区合并在一起,是因为两者在改革开放中具有"跟进式"发展的许多相同特点,均在产业类型与分布层次上差异明显,而且"环渤海经济圈"和《环渤海地区合作发展纲要》已将两地融合起来。

这里展现了由渤海湾为内海枢纽深厚绵长的北部沿海地区和自南向北依次分布的山东、辽中南地区、哈长地区等我国重要的城市群和经济区域。这些区域各具优势,发展梯度分明,而京津冀一体化的快速发展正引领北方经济走向梯度融合。京津冀地理区位重要且工业、科技、教育基础雄厚,是中国参与国际竞争的重要依托。山东因渔农并举和工业发达,成为中国最具综合竞争力省区。辽中南地区重工发达、城镇化基础较好。区内的沈阳经济区与辽宁沿海经济带在战略上分属腹地和沿海,两个区域比较优势不同,产业特色各异,其协同发展有助于辽宁全省利用优势互补来实现产业结构整体的优化升级。哈长地区是我国面向东北亚地区和俄罗斯对外开放的重要门户,是带动东北地区发展的重要增长极。

从此篇不仅可以看到此区域梯度发展分明的特点,从区内各省市的发展成就与趋向上也可以看出整个区域正向着梯度协调和融合转变。

第四篇突出了中部和西部地区发展的追赶之势。中西部地区幅员辽阔,省份众多。西部地区包括内蒙古、广西、重庆、四川、贵州、云南、西藏、陕西、甘肃、青海、宁夏、新疆 12 个省市区,经济落后,贫困人口众多。中部地区包括山西、安徽、河南、湖北、湖南、江西 6 个省份,位于我国腹地,区位重要,是承东启西和连南通北的核心之处。中部地区在全国经济发展总体格局中曾呈现出"塌陷"情状。

从这最后一部分的内容能够了解到,在一系列西部开发和中部崛起计划实施之后,中央为中西部地区提供了大规模的投资、转移支付和其他财政扶助,中西部地区不仅实现了自身的经济增长并步入了快速发展的轨道,而且与东部地区的经济差距在逐步缩小,同时统筹了不同类型区域的发展,支持了我国区域经济的协调发展。

需要说明的是,本书没有将"两纵三横"和"一带一路"独立成篇,而是将其作为最新的变化融入"中国区域经济新版图"各区域经济的发展与趋向之中。这样既梳理出了各经济区域全面对接"两纵三横"和"一带一路"的发展情形,也突出了"两纵三横"和"一带一路"的战略引领之势。

纵观本书,不仅展现了我国经济发展的成就和各经济区域内活跃的经济合作以及区域间、国际间的经济交流与进展,还能看到在我国区域发展战略方向、内容及其实现方式等方面的以下新特征。

其一是"以局部协同为重点,以整体发展为目标"。从京津冀一体化发展、"两纵三横"、"一带一路"和长江经济带等国家重大战略不难看出,区域发展总体战略的重点在转向注重局部协同的同时,更加注重东部与中西部、沿海与内地、国内与国际各区域之间的联动发展以及更加强调以实现全国经济的整体协调发展为最终目标。

其二是"沿大江大河布局,用交通干线串联"。此轮协同发展并非单纯是基于地缘相近的区域合作,而是综合考虑人口分布、经济布局、国土利用和城镇化格局的区域协同发展。在具体规划上,注意突出大江大河和交通干线对区域经济的串联和带动作用,如培育长江经济带、哈大齐地区等新的经济带以及各地区的经济"增长极"来推动全国经济发展。

其三是"以经济发展为重点,以全面的科学发展为终点"。2010 年的全国主体功能区规划开启了经济版图糅合生态版图的先河,党的十八大以后出台的各项区域政策更是将民生、环境等问题置于与经济发展同等重要的地位。我国区域发展总体战略目标已经从单纯注重提升区域经济水平,转变为以实现区域经济、社会、文化、生态环境全面协调可持续发展。在当前区域发展总体战略的内容上,可持续发展成为第一要义。

其四是"以政策为起点,以市场为支点"。当前我国密集出台了新的区域发展政策,但中央政府一般是在宏观层面发挥协调区域定位、引导产业结构调整和统筹区域总体发展的作用,为各区域提供相对公平的政策和支持,并注重扶持欠发达地区。在具体推进过程中，则更加注重发挥市场在资源配置中的决定性作用。

其五是"以区域开发促区域开放"。与以往更多注重对内开发不同，无论是"泛珠三角"、长江经济带、辽中南等地的建设，还是"一带一路"战略的推进，不仅强调区域内的开发与合作，更注重全方位对外开放。这一趋势体现了目前我国高度重视以"走出去"对接国际发展的大开放格局以及建立和完善全方位开放型的经济体系。区域开发与开放并重的区域发展战略既是对经济新常态的有力应对，也是进一步将中国经济版图延展到全球经济之中的具体举措。

总之，这本简短而通俗的书为读者展现了中国四大经济板块的沿革、成就与趋向，并且无论是从地理经济环境、产业分布特色、科技研发状态、自然资源条件、人口人才情况以及简要的经济指标等方面，还是从改革开放的进程、四大经济板块内外的发展差异与协调以及国际化的重大取向等方面，都有简明扼要的撰述。读者也能从中认识到中国区域经济的发展脉络已更加清晰、区域发展定位已更加科学而准确以及国内外区域间的经济合作已向更广泛、更紧密和更深入的方向发展。从展望未来的角度看，中国经济版图将呈现东部与中西部相互促进、沿海与内陆全面联动、内外合作深化、经济带纵横相连、城市群交相辉映以及增长极多点开花的蓬勃发展局面。

第一篇
蓬勃发展的泛珠三角地区

泛珠三角，即泛珠江三角洲地区，指沿珠江流域的9个省份——广东、福建、江西、湖南、广西、海南、云南、贵州、四川，再加上香港和澳门2个特别行政区。由于其包括了内地9省份和港澳，又被称为"9＋2"。

在经济全球化和区域经济一体化趋势下，寻求区域经济合作已成为各个区域突破自身瓶颈和实现可持续发展的关键。泛珠三角即是顺应这一潮流而产生，在区域范围上，它经历了从"小珠三角"（广东省内的珠江三角洲平原）到"大珠三角"（小珠三角、香港和澳门），再到"泛珠三角"（9＋2）的演变过程，不断寻求将更多自然禀赋不同、产业差异发展的临近省份囊括进来，形成新的区域经济体。目前的泛珠三角整个区域或直接、或间接与珠江流域的文化及经济有关，跨越东、中、西三个地带。区域内经济发展水平和实力存在差距（也称为经济梯度），这恰恰便于在产业、市场、资源上形成互补。

泛珠三角区域是我国经济开放的发端地,从深圳经济特区的实验到沿海城市的开放再到广东和福建自由贸易试验区的建立,充分体现了"点"—"线"—"面"的发展脉络,区域经济紧密程度不断提高,整个区域在优势互补和激发整体活力中前行。随着西海岸经济区合作的深化和泛珠三角地区与东盟日益紧密的联系与合作,以及部分省市被纳入21世纪海上丝绸之路核心区,泛珠三角领域海风西进,融贯东西,整体经济蓬勃发展。

第一章　直面海风的广东与福建

第一节　先行先试铸就第一个中国经济增长极

一、改革开放的发端——深圳

1979 年,广东和福建两省的对外经济活动实行"特殊政策,灵活措施",两省成为改革开放的前沿。深圳作为经济特区,开启了中国大陆融合海外现代经济的新篇章,更是开创了我国制度创新的先河。

在具有旅欧经历并领略过海洋思维地区经济发展的邓小平的改革开放思想推动下,1980 年 8 月,全国人大常委会批准在深圳设立经济特区,我国的改革开放由此发端,并成为中国现代化建设先行先试的地区。这使得深圳从一个仅有 3 万多人口、两三条小街的边陲小镇发展成为 1 千万人口、经济繁荣、功能完备、环境优美的现代化都市,实现了从小渔村到梦工厂的改革传奇。深圳特区创造了国内经济发展的很多个第一,"摸着石头过河"的"试错纠错"的理念创造了世界工业化、城市化等现代化史上的奇迹。

目前,深圳以高新技术产业、金融服务业、现代物流业和文化产业为四大支柱产业,并已发展为南方重要的高新技术研发和制造基地、世界第三大集装箱港口、大陆第四大航空港。深圳近年来主推创新驱动发展,生物、互联网、新能源、新材料、文化创意和新一代信息技术等六大战略性新兴产业年均增长20%以上,为同期GDP增速的2倍。2015年国际专利申请量达1.33万件,约占全国的一半。4G技术、超导材料、基因测序、3D显示、柔性显示、新能源汽车、无人机等领域创新处于世界前沿,持续引领着产业创新。

二、第一经济大省——广东

广东地处大陆最南部,周边临近福建、江西、湖南、广西,南邻南海,西南与海南隔琼州海峡相望,全省大陆岸线居全国第一位。广东省内土地丰足、水资源丰富,珠江沿岸形成的珠江三角洲是华南地区的鱼米之乡。广东是我国对外贸易大省,直接参与国际产业链的循环,是我国最具生机活力的省份之一。

广东地理位置的特殊之处在于,其珠江口东西两侧分别与香港、澳门特别行政区接壤,尤其适合发展外向型经济。自汉代起,广东的省会广州(古名番禺城)即是最早期的国际贸易城市,而现代广东的发展也建立在与港澳、东南亚地区紧密联系的外向型经济模式上。2013年,广东与沿线国家进出口贸易额占全国的26.2%,居于全国首位。

正是凭借上述地缘优势,加之劳动力、土地的相对成本优势,以及在国内最早进行了经济改革,广东较早启动了工业化进程,为日后发展奠定了雄厚的工业基础,并集聚起产业、技术和人才优势。现在,广东的国内生产总值约占全国的十分之一,人均国内生产总值比全国该值高出 44％,是我国第一经济大省。

目前,广东第一产业所占比重已大幅度降低,正在向制造业和服务业并重的经济结构转变。在制造业中,高技术和先进制造业比重也在持续上升。2015 年第 1 季度末的数据显示,在规模以上工业(指年主营业务收入 2000 万元以上的工业企业)中,高技术产业占比 27％,先进制造业占比 48.7％。这与广东近年来在科技和信息化领域建立的优势密切相关。根据 2013 年底的数据,广东的规模以上工业企业在研发经费、专利申请数和有效发明专利数等方面均居于全国首位。同时,广东在规模以上工业企业中启动了"机器换人"计划,在一定程度上缓解了"用工荒"、"用工贵"难题,实现了新型工业化与世界制造业基地的有机结合。在制造业发展的同时,广东的信息服务、金融、保险、现代物流等服务业也迅速发展,尤以广州和深圳为代表。

三、蓝色的底蕴——福建

福建地处祖国东南部,位于东海之滨,隔台湾海峡与台湾相望,东北与浙江毗邻,西北与江西交界,西南与广东相连,是中国大陆距离东南亚和太平洋海上距离最近的省份之一。福建自然资源丰富,陆地海岸线长,沿海岛屿众多。福建渔业发达,水资源丰富,森林覆盖率位于全国首位,矿产资源丰富,建材原料矿是最具特色的矿产。

福建拥有众多沿海港口,可建造万吨级以上深水泊位有 100 多个,沙埕港、三都澳、罗源湾、湄洲岛、厦门港和东山港等 6 大港可建 5 万—10 万吨深水泊位。福建港口形成了专业化分工布局。如煤炭专业化接卸设施布局以沿海大型电厂建设为主;进口石油、天然气接卸储运系统以泉州港为主;集装箱运输系统布局以厦门港为干线港,福州、泉州、莆田、漳州等作为支线港支撑;粮食中转储运设施布局由福州、厦门和莆田等港口组成;宁德、福州、厦门、泉州、莆田、漳州等港口主要作为陆岛滚装运输系统的一部分;厦门港为主要的国内、外旅客中转运输港口。

2015 年,福建省的国内生产总值约 2.6 万亿元。福建和广东都是中国改革开放最早的"试验田",但两省之间在经济发展上存在差距。这与福建交通不便和山多地少不无相关——"八山一水一分田"的地理特点增加了其经济发展难度。因此,福建在后续的经济发展中充分注重发挥其最核心的三大竞争力——海洋优势、对台湾地区优势和自贸区优势。其中,在海洋优势方面,2012 年,国务院批复《福建海峡蓝色经济试验区发展规划》,支持福建发挥海洋优势来建设海洋经济。2015 年,福建省海洋生产总值占全国总值 10.6%,海洋渔业、海洋交通运输、海洋旅游、海洋工程建筑、海洋船舶等五大海洋主导产业优势明显。在对台优势方面,福建基于与台湾地区的地缘近、血缘亲、文缘深、商缘广、法缘久的"五缘"优势,建立广泛的双方经济合作与往来。海峡西岸经济区和福建自贸区的建设更有利于改革开放的推进和两岸合作的深化。

四、开放深化先锋——粤闽自贸区

2014 年 12 月,广东和福建自由贸易试验区获批。2015

年 3 月,广东和福建自由贸易试验区总体方案通过。粤闽自
贸区的创新和改革意义在于,通过各自优势产业的互相融合
渗透,不仅会极大地促进粤闽经济的繁荣与发展,香港、澳门
这两个自由港城市以及台湾地区今后也能借助于自贸区获
得发展所急需的土地、资金和人力等资源。

（一）广东自由贸易试验区

广东自贸区总面积 116.2 平方公里,分为广州南沙新
区、珠海横琴新区、深圳前海和蛇口共 4 个片区。南沙片区
重点发展航运物流、特色金融、国际商贸、高端制造等产业;
前海重点发展金融、现代物流、信息服务、科技服务及专业服
务,建设我国金融业对外开放试验示范窗口;蛇口重点发展
港口服务、航运服务等,建设世界服务贸易重要基地和国际
性枢纽港;横琴主要对接澳门,旅游休闲等高端服务业是其
重点,已成为建设文化教育开放先导区、国际商务服务休闲
旅游基地和促进澳门经济适度多元发展的新载体。

广东自贸区的战略定位是:依托港澳,服务内地,面向世
界。对此,广东自由贸易试验区承担着三项任务:一是全国
新一轮改革开放先行地;二是 21 世纪海上丝绸之路重要枢
纽;三是粤港澳深度合作示范区。作为广东自贸区金融对外
开放探索的先锋,前海被定义为"金融业对外开放试验示范
窗口"和"跨境人民币业务创新试验区",其特色在于金融集
聚与创新,跨境人民币贷款、借入外债结汇、前海外商股权投
资企业试点等先行先试政策陆续落地。金融的集聚撬动实
业发展,世界 500 强企业有 61 家企业进驻前海,要素交易平
台也增至 19 家。广东自贸试验区是位置上最接近香港和澳

门的自由贸易园区,是全国对港澳开放程度最高的地方。企业进入自贸区经营比进入内地经营办理手续更快,融资便利而且又有很多优惠政策,对港商、澳商极具吸引力。

(二)福建自由贸易试验区

福建自由贸易试验区意在推进改革开放和两岸经济合作的深化,尤其是发挥福建的对台优势,推进和台湾地区的贸易、投资自由化进程,推动两岸在货物、服务、资金、人员等要素的自由流动,提升闽台经济关联度。同时,福建还位于21世纪海上丝绸之路的核心区,是面向沿线国家的合作高地。福建自由贸易试验区总面积118.04平方公里,共分为平潭、厦门和福州3个片区,各个片区的建设重点各有侧重,如平潭片区重点建设两岸共同家园和国际旅游岛;厦门片区重点建设两岸新兴产业和现代服务业合作示范区以及东南国际航运中心;福州片区重点建设先进制造业基地,是21世纪海上丝绸之路沿线国家和地区交流合作的重要平台以及两岸服务贸易与金融创新合作示范区。

第二节　融汇港澳台经济的最前沿

一、“小珠三角”变“粤港澳大湾区”

泛珠三角地区的雏形始于“小珠三角”,仅指广东省内的珠江三角洲平原。由于广东在地理上最邻近港澳,人缘相亲,文化相同,20世纪80年代之后其凭借制度改革创新以及劳动力和土地成本优势,承接了港澳的产业转移,形成了初期的跨境生产和服务分工,成就了“世界工厂”美誉。这一过程既加快了广东的工业化进程,也推动港澳从制造业为主向高端服务业为主转型。珠三角地区聚集的约 7 万家港澳企业在广东特别是在珠三角工业化和经济发展中起到重要作用,也是粤港澳经贸合作的重要基础和纽带。以"香港服务业+珠江三角洲制造业"为特点的合作模式令香港和广东珠江三角洲经济持续增长,并推进了粤港澳在投资、贸易、旅游和服务业的合作。粤港澳大湾区的建立是发挥"一国两制"制度优势的自然结果。粤港澳大湾区将广东、香港、澳门包括在内,利于高度集聚产业、物流、科技、金融和贸易等资源,并辐射长江以南城市和台湾地区以及东南亚国家。由于其自然条件和地理位置特点,这一区域正在建成世界级湾区。

经济往来必然引起民生交流。如今,在粤港澳大湾区,越来越多的人选择了生活在深圳或珠海而工作在香港或澳门的"双城"生活模式。在此背景下出现的跨境学童、跨境养老也随之成为新课题。例如,深圳兴办了港澳子弟教育机构,解决相应人群教育问题;养老成本低廉的珠海接纳了许多地缘临近、语言相通的澳门人养老。广东实际上承接了港澳的社会福利服务转移,实现了湾区民生共建。

二、面向台湾的海峡西岸经济区

福建与台湾地区具有地理相近、血缘相亲、文化相承和商缘相连的特点,决定了两地更易建立经济合作。台湾地处热带和亚热带气候区交界处,自然景观与生态资源丰富而多元,有"福尔摩沙"(福尔摩沙音译自 Formosa,为"美丽"之意)之称,物产丰富,被誉为"宝岛"。1960 年代台湾经济发展突飞猛进,完成由农业生产到轻工业生产的初期积累; 1970 年代,"十大建设"推动台湾经济起飞,1980 年代又延续进行"十二大建设"使台湾名列"亚洲四小龙",1990 年代更跻身发达地区。目前我国台湾地区的经济发展以高科技产业和服务业并重,尖端科技发展尤其瞩目,电子工业对世界经济举足轻重,文创产业和观光业发展良好,其电影、文学艺术等对内地都产生过重要影响。我国台湾地区企业结构以中小企业为主,至 2014 年底,其占全体企业的 97.6%,是台湾地区经济的中流砥柱,极具活力。在文化上,则呈现多元并立和兼容并蓄的面貌。

2004 年福建省政府提出海峡西岸经济区战略构想, 2009 年国务院出台《关于支持福建省加快建设海峡西岸经济区的若干意见》,要求加强闽台经济合作、文化交流和人员往来。2011 年国务院正式批准《海峡西岸经济区发展规划》,其范围涵盖了福建、浙江、广西和江西共 20 个城市,福州、泉州、厦门、温州和汕头成为五大中心城市。2010 年签署的《海峡两岸经济合作框架协议》(又称 ECFA)则将两岸合作推向更广泛的区域、更实际的合作和更明确的规范。 2015 年,福建自由贸易试验区方案的获批受到台湾诸多专家和学者的关注,因其与台湾正在建设的自由经济示范区有望形成对接(尤其是在金融合作方面),已成为两岸经济贸易活动自由化和一体化的示范区域。

第二章 大西南宝库——云贵川黔

第一节 自然禀赋雄厚的大西南

一、亲如一家的云贵川

云南、贵州、四川属于泛珠三角区域的内陆省份,工业化和经济发展水平与东部地区相比有一定差距,但矿产、能源、劳动力资源丰富,成本优势突出,且旅游资源丰富,其产业的结构和发展与其自然禀赋密不可分。

云南地处中国西南边陲,东边毗邻广西和贵州,北边与四川仅隔金沙江,西北与西藏相连,西边邻接缅甸,南边和东南则与老挝、越南接壤。红壤是云南省内分布最广、最重要的土壤资源。云南矿产不仅总量丰富,且种类繁多,条件优越。能源资源以水能、煤炭资源储量最大,地热能、太阳能、风能、生物能也具优势。云南的自然禀赋在于动植物、矿产、水利和旅游文化,目前已形成烟草、矿产及其加工业、生物资源开发、旅游文化、电力等五大特色支柱产业。

贵州地处云贵高原东部,境内地势西高东低,平均海拔1100米左右,毗邻湖南、广西、云南、四川和重庆。贵州和云南同有"水火并济"的能源优势,且旅游资源丰富。贵州的支柱产业为电力、煤及煤化工、有色金属、铝及铝加工、旅游、烟、酒、民族制药等。

四川地处中国西部,是西南、西北和中部地区的重要结合部,是承接华南华中、连接西南西北、沟通中亚南亚东南亚的重要交汇点和交通走廊。四川物产丰富,被誉为"天府之国",是我国的资源大省。四川气候复杂多样,形成多种土地利用类型、种类繁多的动植物资源和自然景观,使其农、林、牧、旅游等产业得以发展。四川还是农业大省,其农业在国内生产总值中的比重较其他省份要高。四川教育资源丰富,是全国高等教育基地之一,有新材料与新能源、生物工程、航空航天(西昌是航天基地)、电子信息等众多优势科技项目。

二、"三圈"中枢的自治区:广西

广西地处祖国南疆,位于大陆沿海地区的西南端,东邻广东、香港、澳门,北接湖南,西靠云南、贵州,西南与越南毗邻,南濒北部湾。广西处于华南经济圈、西南经济圈和东盟经济圈的结合处,属于西部资源型经济与东南开放型经济结合的省份。广西是整个西南地区唯一的沿海省区,具有沿海开放、沿江开放、沿边开放等区位优势。广西沿海港湾众多,具有水深、避风、浪小、岸线顺直、纳潮量大、港池不淤或少淤等优势,对建港特别是建万吨级以上的泊位很有利。目前,广西沿海港口已建成万吨级以上泊位66个。

第二节　海风西进的区域经济合作

与全国经济发展东快西慢的梯度相似,泛珠三角地区东西部发展速度也不均衡。因此,东西省份之间、沿海内陆省份之间以及临近国家之间的合作非常重要。

一、东西互利的粤桂合作特别试验区和珠江—西江经济带

2013 年,广东和广西设立粤桂合作特别试验区,形成了东西部互利合作的基础。在 2014 年,国家发改委正式印发《珠江—西江经济带发展规划》,明确珠江—西江经济带横贯广东、广西,上联云南、贵州,下通香港、澳门,规划范围包括广东省的广州、佛山、肇庆、云浮 4 市和广西壮族自治区的南宁、柳州、梧州、贵港、百色、来宾、崇左 7 市,并根据流域特点,将广西桂林、玉林、贺州、河池等市以及西江上游贵州黔东南、黔南、黔西南、安顺,云南文山、曲靖的沿江部分地区作为规划延伸区。《珠江—西江经济带发展规划》实际上是要将广西和广东连接起来,并一起融入云南和贵州两个内陆省份,通过资源互补和激发活力的方式,将珠江—西江经济带打造成"西南中南开放发展战略支撑带"、"东西部合作发展示范区"、"流域生态文明建设试验区"、"海上丝绸之路桥头堡"。

二、海陆互补的泛珠三角"4 小时经济生活圈"

广西是连接东部沿海省区和西南省市的必经之路。一方面,广西不断加强跨省区高速公路的建设,形成了东部沿

海省区"西进"和云贵川等西南省市"东进"必经的高速公路网。另一方面,2014 年底,贵州贵阳至广州、广西南宁至广州铁路开通。前者是我国西部地区出海铁路的通道,后者是连接小珠三角和北部湾的通道,使得泛珠三角"4 小时经济生活圈"逐步成型。公路和铁路交通网络的建设,提供了泛珠三角区域内部产业转移的重要基础设施,这对于促进泛珠三角内部联系以及加强其区域经济合作起到重要作用。

三、内外互联的北部湾经济区与中国—东盟合作门户

2008 年,国务院批准实施《广西北部湾经济区发展规划》。广西北部湾经济区的功能定位是服务西南、华南、中南,沟通东中西,面向东南亚,发挥连接多区域的重要通道作用,成为中国—东盟开放合作的物流基地、商贸基地、加工制造基地和信息交流中心。区位优势是其作为合作纽带的重要原因。

中国与东盟的开放合作是基于相互间的人文联系、资源禀赋差异、产业结构的互补性以及追求经济发展的共同愿望。自 20 世纪 90 年代以来,我国与东盟的经济联系日益紧密,双边贸易持续攀升,中国成为东盟第一大贸易伙伴,东盟成为中国第三大贸易伙伴。在此基础上设立的中国—东盟自贸区是我国同其他国家商谈的第一个自贸区,它开启了我国的自贸区战略的先河。同时,这一自贸区也是目前建成的最大自贸区,成员包括中国、文莱、印度尼西亚、马来西亚、菲律宾、新加坡、泰国、柬埔寨、老挝、缅甸和越南,涵盖了 18.5 亿人口和 1400 万平方公里。

云、贵、川虽然在经济发展上较泛珠三角其他区域缓慢,

但由于中国—东盟自由贸易区的设立,其区位优势逐渐增大。其中,云南向东与泛珠三角、太平洋形成维系与连接,向西与印度洋沿线国家相连,不仅是古代南方丝绸之路的重要组成部分,还连接了北方丝绸之路和海上丝绸之路,是中国、缅甸、孟加拉国、印度之间丝路交往体系的重要组成部分。云南、广西两省区与东盟国家越南、老挝、缅甸之间有漫长的边境线,边境贸易的发展带动了大批以东南亚、南亚为目标市场的产业。

专栏

我国的自贸区战略

从国际背景和世界范围来看,在金融危机后的全球经济复苏过程中,世界多极化、经济全球化趋势继续深化。欧洲和美洲的传统金融中心仍然是全球金融的聚集地,然而其传统历史地位也正在受到新兴金融中心的挑战。新兴市场经济体因与发达经济体处在不同经济周期,国际资本大量涌入,以中国、印度等为代表的新兴经济体的地位进一步上升。新兴经济体和发展中国家在国际金融事务中的话语权日益提高,全球跨国金融业务和金融交易不断向新兴经济体倾斜。在主要经济体的力量对比出现深刻变化的同时,各国对外经济政策的目标重点发生转移,从应对危机短期需要转向寻求能够建立长期战略合作关系的伙伴,意在保持稳定市场空间和经济利益。美国则是借助重新返回亚太区域以重建其经济大国地位。

围绕投资、贸易、金融领域的国际规则正在重新调整并将产生深远影响，美国主导的泛太平洋伙伴关系（TPP）、跨大西洋贸易和投资伙伴协议（TTIP）、服务贸易协定（TISA）、双边投资协定（BIT）的加速推进正是最好诠释。投资自由化和贸易自由化正成为下一轮全球经济竞争新趋势，而自贸区正是中国主动融入和应对这一趋势的开放战略步骤，也是中国实现突围的措施，否则未来中国在亚太区域合作的影响力和话语权将受到削弱，并陷入被动局面。近年来中国开始加快与周边国家的自由贸易协定进程，例如中韩自由贸易区、中国—东盟自由贸易区和国内自贸区的推进等。

中国的自贸区战略自2007年开始实施，至今已有9年时间。自贸区包括广义和狭义的自由贸易区。广义的自由贸易区，即多国之间建立自由贸易协定，实现国与国之间投资和贸易自由化，商品、服务、人员和资本能够自由流动。狭义的自由贸易区，即一国在领土内一部分被允许进行自由贸易的区域。

目前，中国在建自贸区（广义的自由贸易区）20个，涉及32个国家和地区。其中，已签署自贸协定12个，涉及20个国家和地区，包括中国与东盟、新加坡、巴基斯坦、新西兰、智利、秘鲁、哥斯达黎加、韩国、澳大利亚、冰岛和瑞士的自贸协定以及内地与香港、澳门的更紧密经贸关系安排（CEPA）和大陆与台湾的海峡两岸经济合作框架协议（ECFA）；正在谈判的自贸协定 8 个，涉及 22 个国家，分别是中国与海湾合作委员会（GCC）、挪威、斯里兰卡、巴基斯坦、马尔代夫、格鲁吉亚的自贸谈判以及中日韩自贸区和《区域全面经济合作伙伴关系》（RCEP）协定谈判。此外，中国完成了与印度的区域贸易安排（RTA）联合研究，正与哥伦比亚等开展自贸区联合可行性研究，还加入了《亚太贸易协定》。

　　为与此对接，中国狭义的自由贸易区亦建立起来，标志性的事件如 2013 年 9 月上海自贸区的设立。自贸区策略实际上是中国主动融入和应对国际形势变化的开放战略步骤。

　　资料来源：滨海新区发展报告(2014)，天津人民出版社，2015 年 5 月；中国自由贸易区网 http://fta.mofcom.gov.cn。

第三章 潜力迸发之地——江西、湖南、海南

第一节 风格鲜明的赣湘琼

江西、湖南、海南均毗邻广东。江西位于中国东南部和长江中下游南岸，其地貌以山地、丘陵为主，属于内陆省份，是长江三角洲、珠江三角洲和闽南三角地区的腹地。湖南地处我国中部，属长江中游，因大部分区域处于洞庭湖以南而得名"湖南"。湖南自古盛植木芙蓉，五代时就有"秋风万里芙蓉国"之说，又称"芙蓉国"。湖南位于东部沿海地区和中西部地区的过渡带、长江开放经济带和沿海开放经济带的结合部，兼具承东启西、连接南北的枢纽地位。湖南交通便利，水陆空综合交通体系立体衔接，纵横交错，通江达海。海南省位于我国最南端，北隔琼州海峡与广东相望，西临北部湾与越南民主共和国相对，东濒南海与台湾相望，东南和南部在南海中与菲律宾、文莱和马来西亚为邻，是我国唯一的热带海岛省份，也是我国海洋面积最大、陆地面积最小的省份。

湖南、江西、海南均为我国的农业大省。江西资源丰富、生态良好，河网密集，河流总长约 18400 公里，有全国最大的

淡水湖——鄱阳湖。湖南是全国重要的粮食生产基地,自古就有"鱼米之乡"和"湖广熟、天下足"之称。目前,其农业机械化程度达 40%,主要农副产品产量如粮食、棉花、油料、苎麻、烤烟以及猪肉等均位居全国前列,其中稻谷产量多年为全国之冠,苎麻、茶叶产量分别居全国第 1 位和第 2 位,湘莲产量居全国首位,安化黑茶、君山银针是中国名茶。海南由于具有热带作物生产的优势,其第一产业在其国民经济发展中也占有重要比重。

　　江西和湖南在矿产资源上均十分丰富。截至 2013 年底,江西已发现各种有用矿产 193 种。江西有色金属矿藏丰富,包括著名的德兴铜矿和大余钨矿,有色金属冶炼是其工业的主要特色之一。目前,江西已建成亚洲最大的铜矿和全国最大的铜冶炼基地,鹰潭市又号称铜都。湖南也是驰名中外的"有色金属之乡"和"非金属矿产之乡",在世界已知的 160 多种矿藏中,湖南有 143 种,其中 37 种储量居全国前 5 位,62 种储量居全国前 10 位,钨、锡、铋、锑等储量居全国之首,钒、重晶石、隐晶质石墨、陶粒页岩等矿种储量居全国第 2 位。海南的矿产资源、油气资源也很丰富。

第二节 特点突出的区域经济

一、特色产业的聚集之地

　　在传统产业上,江西景德镇、湖南醴陵的瓷器源远流长。在现代产业上,三地也保持了良好发展态势。江西省最大的工业城市南昌是中国直升飞机和无人机等飞机生产基地,也

是汽车生产基地等重要制造基地和物流中心。湖南则形成
了工程机械、电子信息及新材料、石油化工、汽车及零部件、
铅锌硬质合金及深加工等 10 个优势产业集群,工业运行质
量在 2013 年居中部地区第一位。湖南有机械、轻工、食品
(不含烟草制品)、电子信息、石化、有色、冶金、建材、电力等 9
个千亿产业,有长沙工程机械、岳阳石化 2 个千亿产业集群,
有长沙经开区、长沙高新区、株洲高新区、湘潭经济开发区 4
个千亿产业园区,有 22 家国家级新型工业化产业示范基地,
有三一重工、中联重科、华菱钢铁、湘潭电机等一批全国知名
企业,其中五矿湖南有色控股主营业务收入过千亿。近年
来,湖南第三产业发展也较快,广播影视、动漫卡通、文化创
意、出版、旅游等产业迅速崛起,特别是广电、出版等优势产
业在全国保持领先地位,广电湘军、出版湘军、动漫湘军全国
驰名。湖南广电位列"亚洲电视十强品牌"第 5 位;湖南卫视
以创新、活泼、快乐的特点深受观众喜爱,收视率居全国省级
卫视第 1 位。海南以其清洁的空气、沙滩和绿植吸引了众多
游客,旅游业是海南省的支柱产业。

二、城市合作的代表——长株潭城市圈

长株潭城市群是湖南省内城市间合作的代表,其发展条
件和潜力基于以下三点:一是自然生态和资源条件良好;二
是城际和对外交通日益便捷,高速公路、铁路、航运等立体交
通网络不断完善;三是科研实力雄厚,拥有国防科技大学、中
南大学、湖南大学等多所高校,拥有袁隆平、卢光琇等多名国
家两院院士,杂交水稻、人类干细胞、碳/碳复合材料等技术

国际领先;四是产业基础良好,是国家老工业基地,是六大国家综合性高技术产业基地之一,工程机械、轨道交通、有色金属等先进制造业以及广播影视、出版、动漫等服务业在全国具有较大影响。

第四章 海之骄子——香港与澳门

第一节 活力盎然的海中特区——港澳

香港和澳门分别于 1997 年 7 月和 1999 年 12 月回归祖国,成为香港特别行政区和澳门特别行政区,除国防和外交事务外,享有高度自治。

香港,位于中国东南端,地处南海沿岸、珠江口以东。在地理位置上,其北靠深圳,西接珠江与澳门相望,东南临南海。全境由香港岛、九龙半岛、新界(包括 262 个离岛)三大区域构成,其中香港岛是发展的核心,九龙及香港岛之间的维多利亚港因其港阔水深,被誉为世界三大天然良港之一。时至今日,香港已发展成为一个世界大都会,其工商业和经贸活动频繁,是国际重要的金融中心、贸易中心和航运中心。同时,香港连续 20 年获得全球最自由经济体系评级,经济自由度指数排名第一,在 2012 年更被《经济学人》评为"全球最宜居城市"。

澳门地处南海北岸和珠江口以西,北边与广东省珠海市相接,东边与香港相距 63 公里。澳门全境由澳门半岛、凼仔、路环以及路凼城 4 个区域组成。

第二节　高度自由的经济体

一、国际性大都市——香港

香港是中国真正意义上的国际性大都市,是全球贸易、金融、商业和电讯中心,全球第八大贸易经济体系,也是全球成衣、钟表、珠宝、玩具、电子的主要出口地。根据世界银行发布的《2016年营商环境报告》,香港的便利营商排名全球第五位,标准普尔给予香港最高的AAA信贷评级,这些都反映香港的经济活力备受国际公认。在2012年,香港凭借其旅游、贸易相关服务、运输服务、金融及商业服务等,成为全球第十大服务出口地。同时,香港也是世界上重要的自由贸易与自由市场、主要国际和地区航空枢纽以及全球最繁忙的货柜港之一。

香港现有金融、旅游、贸易及物流和专业服务四大支柱产业,并注重发展医疗、教育、检测以及认证、创新科技、创意文化及环保六项优势产业。实际上,自20世纪80年代开始,香港经济向以服务业为主发展,并成为其优势所在。制造业虽然对香港经济增加值的直接贡献不大,但内地的经济改革为港商提供了庞大的生产腹地和市场,并促进了香港服务业的增长,特别是贸易和其他支援服务的发展。香港凭借其与内地地理邻近且文化共融的优势,向高附加值服务业转型。自1992年到2014年,香港第二产业比重从19.8%下降到7%,而第三产业则从79.9%上升到93%。

由于其具有竞争环境良好、金融货币体系稳定和地理环境优越等长处,香港成为连接欧洲与北美洲的桥梁,与伦敦和纽约连成了 24 小时运作不息的交易系统,且由于资金能不受限制地自由流入流出,香港成为首屈一指的国际金融中心。目前,香港是全球第五大外汇市场及第八大银行中心,拥有亚洲第二大股票市场。

二、人均 GDP 亚洲第一——澳门

澳门是中国两个国际贸易自由港之一,货物、资金、外汇、人员进出自由。澳门回归祖国后经济持续快速发展。在 2013 年,澳门人均国内生产总值 91376 美元(约合人民币 56.6 万元),超过同一时期香港的 38123 美元和新加坡的 55182 美元,居亚洲第一位。2013 年底,澳门第二产业占本地生产总值的 5.7%,第三产业占 94.3%。与香港不同的是,澳门的主要产业为博彩业和旅游业,博彩业成为牵动澳门 40% 人口生计、占 80% 政府财政收入的龙头产业。澳门整个城市是世界非物质文化遗产,带动了休闲旅游业的发展,奠定了澳门国际休闲旅游城市的基础。

在博彩和旅游业发展的同时也带动了建筑业、服务业、餐饮业和保险业的增长,但过于依赖单一产业驱动的经济发展模式尚存隐忧。因此,澳门特别行政区政府计划将澳门发展成为区域性的旅游、会议展览中心及泛珠三角发展框架范围内中小企业的服务平台。由此可见,澳门未来产业结构的调整和经济的发展将受惠于澳门与内地经济的联动。

第三节　内地与港澳合作互联的金色枢纽：
　　　　粤港澳大湾区

内地与港澳的合作在《内地与香港关于建立更紧密经贸关系的安排》《内地与澳门关于建立更紧密经贸关系的安排》(CEPA)和《海峡两岸经济合作架构协议》框架内进行。在此过程中,深圳前海、广州南沙、珠海横琴、福建平潭等开放合作区将成为联接港澳台并进行深化合作的主要力量。

一、率先起步——香港与内地的经济联系

自 1978 年内地经济改革及对外开放后,香港与内地的经济联系日益紧密。区域贸易的进一步深化融合更加强了彼此之间的协作。作为国际金融中心及区域商贸枢纽,香港受惠于内地经济的迅速发展。在 2013 年,两地贸易占到香港整体贸易总值的 1/2 以上,内地是香港转口货物的最大市场及最主要来源地,约 90% 的转口货物来自内地或运往内地;同时香港也为内地经济发展做出相应贡献,为内地(特别是珠江三角洲地区)提供多元化金融和其他商业的支持与服务,如银行、融资、保险、运输、会计、销售推广等。

由于香港与内地日益紧密的经贸往来,自 2004 年起,香港特区政府与金融管理机构和金融机构一直致力于推动香港的人民币离岸业务,现已成为全球规模最大的离岸人民币业务枢纽和融资及资产管理中心。其产品包括了点心债券、投资基金、保险产品、货币期货、房地产投资信托基金、股票

和衍生品等。2015 年，内地与香港地区的跨境人民币收付量占比为 53.1%。在 2014 年，沪港股票市场交易互联互通机制（沪港通）顺利推出，同时也便利了境外机构在境内发行人民币债券；在 2016 年，《深港通实施方案》获国务院批准。此外，香港和内地互为对方最大的投资者，至 2013 年底，香港在内地实际直接投资累计 6660 亿美元。

国家"十二五"规划曾明确"深化内地与港澳经济合作"，提出"支持建设以香港金融体系为龙头、珠江三角洲城市金融资源和服务为支撑的金融合作区域"。

专栏

离岸人民币业务

人民币离岸业务指在中国境外经营人民币的存放款业务。离岸市场提供离岸金融业务，交易双方均为非居民的业务称为离岸金融业务。

当前的跨境贸易人民币结算是在资本项下人民币没有完全可兑换的情况下开展的，通过贸易流到境外的人民币不能够进入到国内的资本市场。在这种情况下，发展人民币贸易结算，就需要解决流出境外的人民币的流通和交易问题，使拥有人民币的企业可以融出人民币，需要人民币的企业可以融入人民币。这就需要发展离岸人民币市场，使流到境外的人民币可以在境外的人民币离岸市场上进行交易；使持有人民币的境外企业可以在这个市场上融通资金、进行交易和获得收益。

资料来源：中国人民银行。

香港在国际化、开放程度和世界认知度上,是目前中国任何一个其他城市都无法替代的。其长期繁荣稳定和独特功能作用,是促进中国经济社会发展的一笔宝贵财富。

二、合作再升级——粤港澳大湾区

为进一步提高内地与香港特别行政区经贸交流与合作的水平,在 2003 年 6 月,《内地与香港关于建立更紧密经贸关系的安排》签署。此后,对这一协定进行了数次补充,到 2013 年 8 月的《补充协定十》,在这一安排下共有 403 项服务贸易开放措施。与澳门的合作则基于 2003 年 10 月的《内地与澳门关于建立更紧密经贸关系的安排》,2013 年也补充到《补充协定十》。签署 CEPA(指以上两项安排)是中国经济一体化战略的重要环节,更是区域经济实质性合作的关键步骤。在 2014 年 12 月,CEPA 对内地在广东与港澳基本实现服务贸易自由化协议签署。基于此,内地、香港、澳门之间的经贸合作更为紧密。

由于广东在地理位置上与港澳邻近并较早与港澳进行经济合作,于 2015 年 4 月,打造粤港澳大湾区被正式写进国家《推动共建丝绸之路经济带和 21 世纪海上丝绸之路的愿景与行动》之中,粤港澳合作从区域战略上升为国家战略。其中要求"充分发挥深圳前海、广州南沙、珠海横琴、福建平潭等开放合作区作用,深化与港澳台合作,打造粤港澳大湾区"。粤港澳大湾区经济总量超过 1.4 万亿美元,对外贸易总额超过 1.8 万亿美元,并拥有世界上最大的海港群和空港群。在泛珠三角"9+2"的框架下,以前海、横琴为桥头地区,在香港产业转型以及澳门产业适度多元化等方面还有巨大的合作空间。这意味着此区域将开启资源整合、产业融合的新局面。前海现代服务业合作区创立的任务之一即是加强深港合作、粤港合作。前海连续出台《前海深港合作区外商投资企业准入特别管理措施》及《前海深港现代服务业合作区促进深港合作方案》等政策,推动港资企业参照内资企业管理,为港澳企业投资前海创造便利化条件,为深港投资环境一体化创造条件,意在建设我国金融业对外开放实验的示范窗口。

广东自贸区的国家定位是促进粤港服务贸易自由化,广东在与港澳合作方面有着非常深厚的基础和突出的优势,而服务业和服务贸易的合作是重中之重。广东自贸区将进一步放宽或取消对港澳投资者的资质要求、股比限制、经营范围等准入限制,重点在金融服务、交通航运服务、商贸服务、专业服务、科技服务等领域取得突破。依托港澳对接营商规则,使广东营商环境更加国际化、法治化。这意味着香港、澳门与内地的互动不仅迈上更高层级,也在深度合作上更为加强,引领粤港澳加快形成更具有国际竞争力和影响力的世界级新经济区域和城市群。

专栏

何为"CEPA"

CEPA(Closer Economic Partnership Arrangement),即《关于建立更紧密经贸关系的安排》的英文简称。其包括中央政府与香港特区政府签署的《内地与香港关于建立更紧密经贸关系的安排》、中央政府与澳门特区政府签署的《内地与澳门关于建立更紧密经贸关系的安排》。

CEPA 是"一国两制"原则的成功实践,是内地与港澳制度性合作的新路径,是内地与港澳经贸交流与合作的重要里程碑,是我国国家主体与我国香港、澳门单独关税区之间签署的自由贸易协议,也是内地第一个全面实施的自由贸易协议。

CEPA 具有自由贸易协议性质,是中国国家主体与其特别行政区之间签署的自由贸易协议性质的经贸安排,带有明显的自由贸易区特征。从宏观角度看,CEPA 的基本目标是:逐步取消货物贸易的关税和非关税壁垒,逐步实现服务贸易自由化,促进贸易投资便利化,提高内地与香港、澳门之间的经贸合作水平。

资料来源:百度百科。

第五章 "一带一路"上的泛珠三角

第一节 互补多赢——泛珠三角合作

泛珠三角区域的合作和发展,有利于修补内部在经济发展上的"经济断层"(各省经济发展差距较大),海峡西岸经济区、北部湾经济区、长株潭城市圈、成渝经济区、海南国际旅游岛均是在此背景下的合作。

资源禀赋的差异和互补、产业关联、梯度发展是合作基础。从泛珠三角的 9 省份来看,各省的自然资源种类和保有量差异较大。例如,贵州、云南、湖南都属于内陆省份,矿产资源丰富,包括稀缺的各类稀有金属,能够提供资源上的转移与合作;再例如,四川、云南、广西水电资源丰富,能够持续为整个区域的产业发展提供能源;从劳动力资源来看,四川、广东、湖南在培养高等人才教育上有相对优势,可以与中等教育培养具备优势的福建等省份合作,以通过人才流动合理化人才结构;广西、云南、湖南、福建的森林资源以及福建、广西、海南的海洋资源,都能够成为区域产业整合的基础,从而形成共赢。多圈层、多极化、开放性将成为泛珠三角发展的重要特征。

从合作各方的需求来看,存在多赢局面。例如,香港希望借助于合作扩大自身腹地,在金融领域的广泛合作能巩固其国际金融中心的地位;澳门希望进一步增强以博彩业为主导的服务业发展;广东则希望借助于区域合作进行产业结构调整升级;福建重点发展海洋经济和对台经济;云南、贵州、四川、广西、海南则借此更多地参加到东盟自由贸易和经济合作中,而海南则是汇聚海上丝绸之路的核心枢纽,是极具重要战略意义的巨大而富饶的要塞;湖南、江西则将工业化与区域合作统一在一起,进一步提升现代化制造水平。

第二节 世纪机遇——海上丝绸之路的主干与要塞

2013年9月,国家主席习近平在哈萨克斯坦纳扎尔巴耶夫大学演讲中提出"丝绸之路经济带"。2015年3月,国家发展改革委、外交部、商务部联合发布《推动共建丝绸之路经济带和21世纪海上丝绸之路的愿景与行动》,意在推动国内改革和经济转型。同时,这将使各个已布好的点、线发展为片、带和贯通东西、四通八达而又合作互赢的通途,从而进一步加强沿海自贸区试点及同国外的互联互通。"一带一路"既是贸易通路的建设,更是资金支持的金融外交,并促进产品产能的输出和转移。

2013年12月,广东、福建、海南、四川、云南、广西被纳入海上丝绸之路。2015年4月,打造粤港澳大湾区被正式写进国家《推动共建丝绸之路经济带和21世纪海上丝绸之路的愿景与行动》之中。海上丝绸之路对外互联互通将提升我国主要港口的物流量,以重点港口为节点,运输大通道涉及上海、天津、宁波—舟山、广州、深圳、湛江、汕头、青岛、烟台、大连、福州、厦门、泉州、海口、三亚等 15 个城市的港口建设,其中 9 个港口都属于泛珠江三角洲的范围,这将有助于提升泛珠三角区域的战略地位。

在泛珠三角,粤港澳地区是海上丝绸之路中国境内经济最发达、开放度最高的区域,广东和福建自由贸易试验区的建设,更凸显了其海上丝绸之路桥头堡地位。广西与海上丝绸之路的国外第一站——东盟国家陆海相邻,北部湾经济区、珠江—西江经济带开放发展为海上丝绸之路的建设起到了铺垫作用。整个泛珠三角区域是中国与东盟国家经贸联系最为紧密的地区。广东、福建对东盟国家有人缘优势,广西、云南对东盟国家有良好的地缘条件,加之产业差异性和资源互补性强使其经贸基础坚实,海南则是链接南亚、西亚和欧洲的前沿基地,其战略意义极为重大。海上丝绸之路建设正进一步加强泛珠三角区域与国内外市场的经贸联系,为泛珠三角区域经济拓展出新的增长空间。

主要参考文献

[1] 香港政府新闻处. 2014 香港概览. 2014 年.

[2] 香港特别行政区政府. 香港 2013 香港年报. 2013 年.

[3] 陈广汉. 论泛珠三角区域合作格局的新发展. 华南师范大学学报:社会科学版,2010(4):110—114.

[4] 龙丽. 泛珠三角经济圈的空间经济结构分析. 云南民族大学

学报(自然科学版),2010,19(1):33—35.

[5]廖添土.泛珠三角区域产业结构演进与产业合作发展的空间和路径.发展研究,2012(7):20—24.

[6]郝寿义,曹清峰,程栋.新形势下泛珠三角区域合作的战略思考.区域经济评论,2015(1):80—85.

[7]谢宝剑."一国两制"背景下的粤港澳社会融合研究.中山大学学报(社会科学版),2012,52(5):194—200.

[8]广东省中国特色社会主义理论体系研究中心.21世纪海上丝绸之路:实现中国梦的海上大通道.光明日报,2014年6月16日第11版.

[9]深圳政府在线.http://www.sz.gov.cn/cn/zjsz/.

[10]广东省统计局,国家统计局广东调查总队.广东统计年鉴2014年.

[11]2014年广东国民经济和社会发展统计公报.http://www.gdstats.gov.cn/tjzl/tjgb/201507/t20150722_310084.html.

[12]福建省人民政府网站.www.fujian.gov.cn

[13]中国(广东)自由贸易试验区官方网站.http://china—gd-ftz.gov.cn/。

[14]中国（福建）自由贸易试验区官方网站.http://www.china—fjftz.gov.cn/。

[15]中国自由贸易区服务网.http://fta.mofcom.gov.cn/index.shtml.

[16]澳门特别行政区政府新闻局.2014澳门年鉴.

第二篇
扶摇直上的长三角与长江经济带

　　长江经济带包括长三角的上海、江苏、浙江以及安徽、江西、湖北、湖南、重庆、四川、云南和贵州,共9省2市,幅员辽阔,江湖密布,资源丰富,历史文化悠久,既是中华民族的重要发祥地之一,又是我国经济实力最为雄厚、社会发展水平较高和增长潜力较大的地区。

第一章　开拓进取的江海之子——上海

第一节　开放中国的海滨龙头

一、优越的自然条件和积淀丰厚的文化历史

上海位于太平洋西岸、亚洲大陆东沿和长三角的前缘，是中国南北海岸中心点以及长江和黄浦江入海汇合处。境内河湖众多，水网密布，"江海之会、南北之中"的地缘优势和便利的交通条件决定了其对内对外辐射面较为广阔，使其不仅当仁不让地成为长江流域的门户，也理所当然地发展成为我国江、河、海、陆的重要运输枢纽。

上海也是一座历史悠久的文化名城，"海派文化"既古老又现代，既传统又时尚，其开放、不拘陈规并勇于创新，海纳百川、兼容并蓄的特征吸引了全世界的目光。依托发达的工商业和深厚的文化底蕴，上海从一个在旧中国畸形发展的金融与商贸城市，脱胎换骨为共和国的重要工业基地，继而在改革开放的春天里又焕发出新的生机和活力，已经从一个功能单一的特大型加工工业城市跃升为开放型、多功能、现代化的国际经济中心城市。

二、举足轻重的增长极

如果说中国是一条龙,长江流域是这条龙的脊梁,那么上海无疑是这条龙的龙头;要使中国经济腾飞,必须让长江流域经济腾飞,而要使长江流域经济腾飞,必先使上海经济腾飞。实际上,早在20世纪30年代,上海就已成为我国民族工业的中心和远东最大的轻工业基地,享有"东方巴黎"之美誉。20世纪90年代以来,其经济国际化进程明显加快,被定位为"带动长江流域经济起飞的龙头"、"中国改革开放的标志",成为托起中华民族经济振兴的重要支点。在经济新常态发展格局下,成为"一带一路"、长江经济带、"四个中心"建设、上海自贸区、上海合作组织、亚信会议、金砖国家开发银行等多种国家战略整合的重要节点。不可替代的发展优势决定了它在带动长三角、整个长江流域地区乃至全国的经济腾飞中具有十分重要的推动作用和深远的发展价值。

三、开放外向和持续发展的高速增长

自党的十一届三中全会以后,全国经济体制逐步转轨,国家对外开放的重大战略举措迫使上海对自身经济发展作出抉择,并迈出铿锵有力的步伐。改革开放三十多年来,上海经济发展一直保持快速增长态势,发展成就令人瞩目。1978年,上海GDP总量为272.81亿元,2015年达到24964.99亿元,增长了91倍多,按照当年价格计算的名义GDP年均增长13.0%,综合经济实力显著提升。由于延续了以工业发展为主的经济发展路子,至改革开放初期,上海经济实力已非常突出,GDP占全国GDP的比重为7%左右。

后来随着全国其他地区，尤其是苏南、苏中、浙东经济的先后腾飞，上海 GDP 占全国 GDP 的比重不断下降，从 1978 年的 7.48% 下降到 2015 年的 3.7%。

在经济结构调整方面，从图 2-1 可看出，在 1978 年以前，上海第二产业比重超过 70%，主要工业经济指标位居全国前列。从 1978 年以来，上海加快了产业结构调整步伐，制定了优先发展第三产业、积极调整第二产业、稳定发展第一产业的产业发展方针，加快了"退二进三"的步伐，信息产业、金融服务业、商贸流通业、汽车产业、成套设备制造业、房地产业凸显强大的发展势头，二、三产业差距越来越大。至 1999 年上海第三产业比重首次超过第二产业比重，"三二一"的产业格局基本确立。与全国相比，上海产业结构调整步伐快于全国，产业结构现状也优于全国。从图 2-2 可看出，2013 年我国产业结构发生了历史性变化，第三产业占比首次超过第二产业，形成了"三二一"产业顺序，而上海目前已形成了第三产业领先发展的良好局面，电子商务、现代航

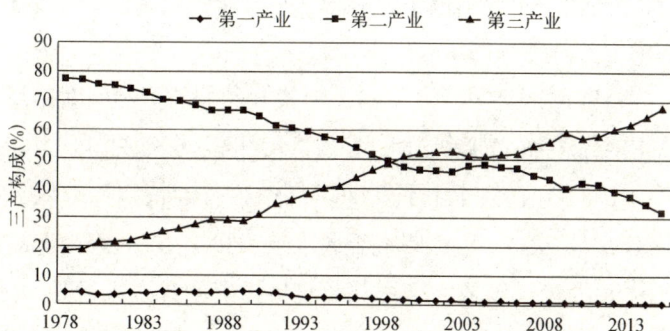

图 2-1 1978—2015 年上海三次产业比重

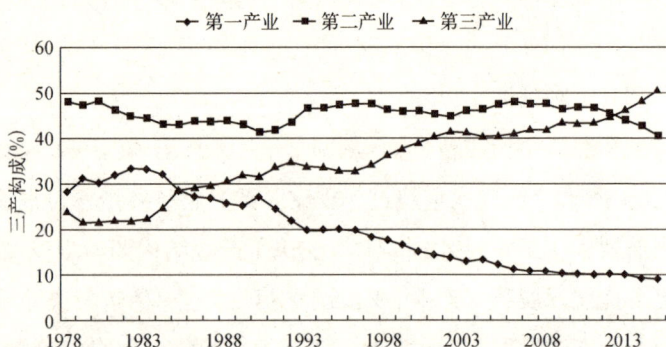

图2-2 1978—2015年全国三次产业比重

运服务业和战略性新兴服务业加快增长,与国际大都市服务经济比重的差距进一步缩小。

在对外经济贸易方面,改革开放、浦东开发以及世贸组织的加入均为上海对外贸易的快速增长持续不断地注入了新活力。经过三十多年的发展,上海形成了全方位、多层次、宽领域的对外开放格局。1978—2015年上海对外贸易总额从30.26亿美元增加到6490.83亿美元,年均增长率为15.6%,高于上海国内生产总值13.0%的增长速度,成为拉动全市经济增长的重要引擎。

其中,在1990—2015年,上海实际利用外资额不断走高,从1.77亿美元增加到184.59亿美元,年均增长20.4%,其占全国比重从1.7%上升到14.6%。中国香港特别行政区、日本、新加坡、美国、毛里求斯、英属维尔京群岛、德国、开曼群岛、法国、荷兰等国家成为上海外商直接投资的资金来源地。随着中国上海自由贸易试验区扩区和新一轮的开放创新,上海必将成为中国从贸易大国走向贸易强国中的重要支点城市。

此外,上海实际利用外资结构也更趋合理。1990—2015年,以服务业为主的引资结构继续巩固,第三产业占比从47.5%上升至86.3%。商贸业、租赁和商务服务业利用外资稳步增长;以融资租赁为主的金融服务业、以"互联网+"为代表的信息服务业利用外资快速增加,实际利用外资同比增幅均超过70%;医疗、养老、旅游、文化产业的外商投资日趋活跃。全市已形成以服务业为主的结构和总部经济集聚的特色。例如,2015年,新增跨国公司地区总部45家,其中,亚太区总部15家,投资性公司15家,外资研发中心15家。

在持续的发展中,上海经济综合实力再创新高。2015年,上海实现生产总值24964.99亿元,按可比价格计算,比上年增长6.9%,占全国比重3.7%。其中,第一产业增加值下降13.2%,占全国比重0.18%;第二产业增加值增长1.2%,占全国比重2.9%;第三产业增加值增长10.6%,占全国比重4.95%。按常住人口计算,上海市人均生产总值为10.33万元,比同期全国人均生产总值4.92万元高出5.41万元(见图2-3)。

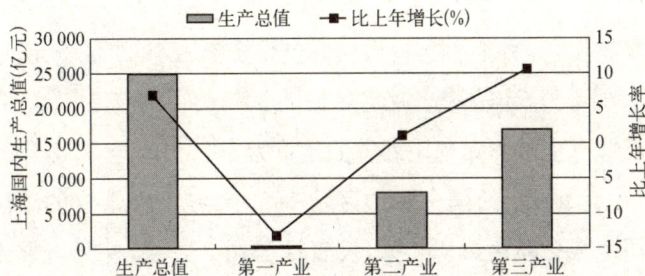

图2-3　2015年上海国内生产总值及增长速度

产业结构持续优化。2015 年,上海三产结构比为 0.4∶31.8∶67.8,全国三产结构比为 9.0∶40.5∶50.5,上海第三产业较为发达,产业结构更加合理。第二产业中,实现工业增加值 7109.94 亿元,六个重点行业完成工业总产值 20769.44 亿元,比上年下降 0.2%,占全市规模以上工业总产值的比重为 66.9%(见表 2-1)。

表 2-1　2015 年六个重点行业工业总产值及其增长速度

指标	绝对值(亿元)	比上年增长(%)
六个重点行业工业总产值	20769.44	—0.2
电子信息产品制造业	6159.55	—1.8
汽车制造业	5168.22	—2.3
石油化工及精细化工制造业	3375.31	7.1
精品钢材制造业	1159.53	—7.6
成套设备制造业	4001.94	0.3
生物医药制造业	904.89	2.0

在全球经济发展不景气的大背景下,2015 年,上海关区货物进出口总额 50838.17 亿元,比上年下降 4.2%。其中,进口额 19772.45 亿元,下降 5.4%;出口额 31065.72 亿元,下降 3.3%。外商直接投资实际到位金额 184.59 亿美元,增长 1.6%。全年第三产业实际到位金额 159.38 亿美元,下降 2.7%,占全市实际利用外资的比重为 86.3%。至 2015 年年末,在上海投资的国家和地区达 165 个,在上海落户的跨国公司地区总部达到 535 家,投资性公司 312 家,外资研发中心 396 家。年内新增跨国公司地区总部 45 家,其中亚太区总部 15 家,投资性公司 15 家,外资研发中心 15 家。

专栏

产业结构

产业结构,亦称国民经济的部门结构,是指国民经济各产业部门之间以及各产业部门内部的构成。产业结构高度化,也称产业结构高级化,是指一国经济发展重点或产业结构重心由第一产业向第二产业和第三产业逐次转移的过程,标志着一国经济发展水平的高低、发展阶段和方向。产业结构高度化往往具体反映在各产业部门之间产值、就业人员、国民收入比例变动的过程上。

我国的三次产业划分如下。

第一产业:农业(包括种植业、林业、牧业和渔业)。

第二产业:工业(包括采掘业,制造业,电力、煤气、水的生产和供应业)和建筑业,产业革命往往是由制造业的革命所导致三大产业的全面变革。

第三产业:除第一、第二产业以外的其他各业。根据我国的实际情况,第三产业可分为两大部分:一是流通部门,二是服务部门。

目前,第一产业的增加值和就业人数在国民生产总值和全部劳动力中的比重在大多数国家呈不断下降的趋势。

第二产业的增加值和就业人数占的国民生产总值和全部劳动力的比重,在 60 年代以前,大多数国家都是上升的。进入 20 世纪 60 年代以后,美、英等发达国家工业部门增加值和就业人数在国民生产总值和全部劳动力中的比重开始下降,其中传统工业的下降趋势更为明显。

第三产业的增加值和就业人数占国民生产总值和全部劳动力的比重各国都呈上升趋势。自 20 世纪 60 年代以后,发达国家的第三产业发展更为迅速,所占以上比重都超过了 60%。

从三次产业比重的变化趋势中可以看出,世界各国在工业化阶段,工业一直是国民经济发展的主导部门。发达国家在完成工业化之后逐步向"后工业化"阶段过渡,高技术产业和服务业日益成为国民经济发展的主导部门。

资料来源:百度百科。

第二节　迅速壮大的改革示范区

一、濒江临海的浦东奇迹

浦东新区地处我国海岸线的中点,位于长江与东海的交汇口和长江黄金水道的终端,背倚物富人丰的长三角,面对太平洋及东南亚的发达国家及地区,有着良好的建港条件、广阔的腹地和得天独厚的地理优势。浦东开发不仅促使上海的金融、贸易和工业得到了长足发展,强化了上海的经济中心地位,改善了上海城市功能,而且还使整个长三角和长江沿岸腹地形成了一个富有活力的经济网络,对推动整个长三角乃至长江流域的经济腾飞发挥着重要的作用,对于全国经济进一步发展也将产生强大的辐射作用。中国(上海)自由贸易试验区是我国大陆境内第一个自由贸易区,共涵盖七个区域(详见表2-2和图2-4)。这在探索我国对外开放的新路径和新模式、形成可复制推广的经验以及服务全国和实现以开放促发展、促改革、促创新等方面都具有非常重要的战略意义。

表2-2　上海自贸区概况

区域	设立时间	规划面积	功能
外高桥保税区	1990年6月	10.0平方公里	海关特殊监管区域、"国家进口贸易促进创新示范区"
外高桥保税物流园区	2003年12月	1.03平方公里	"区港联动"、现代国际物流发展的重要基地
洋山保税港区	2005年6月	14.16平方公里	"区港一体"、上海国际航运发展综合试验区的核心载体
浦东机场综合保税区	2009年7月	3.59平方公里	上海临空服务产业发展的先导区
金桥出口加工区	2014年12月	20.48平方公里	高端装备制造业
张江高科技园区		37.2平方公里	高新技术企业
陆家嘴金融贸易区		34.26平方公里	金融业

图 2-4　中国上海自贸区区域格局示意图

二、后来居上的经济实力

自 1990 年开发以来,浦东快速发展起来,迅速成为上海经济发展的新引擎,也成为带动上海、长三角和全国经济发展的龙头。经过近二十年的发展,浦东克服了各种艰难险阻,特别是积极稳妥地应对了 1997 年亚洲金融危机和 2008 年全球金融危机的冲击,经济社会始终保持又好又快的发展势头。2009 年,原南汇区并入浦东后,浦东实现生产总值 4001.39 亿元,在占全市 19% 的土地面积上创造了占全市 26.9% 的产出,经济总量排在 31 个省市的第 26 位,在国内 100 个大中城市中排在第 12 位。2013 年,浦东 GDP 达到 6448.68 亿元,占全市 GDP 的 29.9%,尤其是第三产业占全市的比重不断攀升,达到 30.9%,在全市的经济发展中势头迅猛。

2009—2013 年,浦东三次产业比例从 0.8∶42.6∶56.6

调整为 0.5：35.1：64.4。其中，第一产业占比下降 0.3 个百分点；第二产业占比下降 7.5 个百分点；第三产业占比提高 7.8 个百分点，金融业、以信息服务和商务服务为主的现代服务业快速增长，占 GDP 的比重上升明显，经济结构不断优化。

在利用外资方面，自 20 世纪 90 年代以来，浦东利用外资质量不断提高，结构进一步优化。其利用外资由开放初期以工业为主，逐步拓展到金融、贸易、房地产、信息软件、商务服务等各个领域，目前第三产业已成为外资投向的主要领域。2013 年，浦东外商投资实际到位金额 525.03 亿美元；其中，第三产业签订外资合同项目、涉及合同外资额占较大比重。

同时，其对外贸易加速增长，质量与效益同步提高。浦东外贸进出口总额在 1993 年仅为 25.92 亿美元，到了 2008 年则增至 1449.59 亿美元，年均增长 30.8%；尤其是科技含量较高的机电产品进出口比重已超过 60%。2009 年，在金融危机影响下，仍实现进出口总额 1389.89 亿美元，占全市该比重达到 50%。2013 年，其外贸进出口总额达到 2496.08 亿美元，占全市比重的 56.6%，科技含量较高的机电产品进出口比重已超过 61.2%。

2015 年，上海自贸区在新扩区域全面推行负面清单管理模式，深化商事登记制度改革，实现企业新设、变更的"一口受理、信息共享、并联办事、统一发证"。全年区内新增注册企业 18269 户，其中，内资企业 14943 户，注册资本 9078 亿元；外商投资企业 3326 户，合同外资 396.26 亿美元。全年对外直接投资中方投资额 229.10 亿美元，占全市的

57.4%。创立了"一线放开、二线安全高效管住、区内自由"的贸易监管制度,海关、检验检疫等部门推出 32 项创新举措。拓展国际贸易"单一窗口"功能,货物状态监管试点扩大到保税区所有物流企业。实施自贸试验区新一轮金融开放创新试点,推出 40 条具体措施。启动自由贸易账户外币服务功能,年内共有 42 家机构接入分账核算单元体系,开设自由贸易账户 44186 个。全年保税区域跨境人民币结算总额 12026.40 亿元,跨境人民币境外借款业务金额 69.82 亿元,跨境双向人民币资金池业务收支总额 3392.07 亿元。深入推进以政府职能转变为核心的事中事后监管制度创新。完成 2014 年度年报公示企业 13.61 万户,占应报送企业数的 84.7%,重点行业年报公示率达到 98%,为全国提供了可复制推广的经验借鉴。

三、活力演绎的精彩明天

作为上海经济的"发动机",浦东风雨兼程,经历了沧海桑田的变迁,从贫困走向富裕,从落后走向繁荣,从封闭走向开放,用国际化视野和先行先试的勇气实现了屹立在东海之滨的现代化国际新区的转变,谱写了令人惊叹的华彩篇章,它的巨变是我国改革开放的结晶。

当前,在我国经济转型的关键期,浦东又肩负起国家改革开放探路者和试验田的新使命。展望未来新征程,浦东将在艰险的国际市场竞争环境中寻求不竭的动力,进一步解放思想,振奋精神、敢闯敢试,在发展中国特色社会主义的伟大征程上,把开发开放的旗帜举得更高,在转型和创新的涅槃中迎接无限美好的明天。

第三节　创新中再出发的国际大都市

一、再上层楼的机遇与挑战

改革开放以来,上海经济保持了较快的增长态势,尤其是 1992—2007 年经济持续保持两位数增长。在受到 2008 年全球金融危机的冲击后,上海经济在外部环境深刻变化和自身增长因素转变的综合作用下,经济增长已从高速向中速阶段转换,经济增长平台正出现趋势性下移。

（一）支撑经济高速增长的原动力不足

在全球经济增速放缓和国内经济进入转型关键期的大背景下,前 30 年支撑上海经济较快增长的资源条件和动力因素正逐渐消退,上海经济已从高速向中速增长阶段转换,经济增长的拉动作用衰减。这主要表现为投资增长空间区域缩小,投资规模处于低位上升态势;TPP、TISA 等投资贸易协议谈判的深入,使生产链呈现由"离岸"向"近岸"转移,对上海开拓传统出口市场带来了较大影响;在服务型、享受型和体验型消费成为潮流的新形态下,上海国内贸易将面临新一轮的商品、品牌、业态和服务模式的优化调整。

（二）产业发展的后劲亟待提升

受国内外环境深刻变化和自生增长因素转变作用的影响,加上土地、劳动力、资源环境等约束,近年来,上海三次产业增速均有不同程度的下滑。上海正处在传统工业加快向外转移以及战略性新兴产业尚处于投入和培育期的转型期,受制于法制、税制、机制等制度瓶颈,高端产业和新兴服务业的拓展相对不足,部分领域技术水平接近世界前沿,追赶的后发优势减弱,高技术工业产业发展正面临高台瓶颈,产业竞争优势有所弱化,供给侧的产品结构跟不上消费结构的快速变化,创新活力亟需增强。

（三）挑战和突破并存

地缘、机制、产业、人才和科技创新优势使上海当之无愧地成为长江经济带和"一带一路"的重要支点。对此,上海亟需重新高效整合资源,构建统一的大市场,深化区域合作体系,促进物畅其流和人畅其通。首先,"一带一路"沿线国家和区域众多,相互之间存在着文化差异、经济发展水平差异以及意识形态的认知差异等,国内与国外之间、国内各省区之间和各部门之间的如何配合是一个棘手的问题。其次,上海是"一带一路"和长江经济带人口最密集、制造业规模最大的地区之一,消耗资源较多,土地开发强度已近极限,生态保护压力加大。再者,上海自贸试验区和"四个中心"建设都离不开安全、便捷、高效的电子商务平台,然而上海尚缺乏具有国际规模和知名度的国内国际知名电子商务平台。如何主动对接自贸区建设和积极融入亚太自贸区以实现经济持续高质量的增长和发展是上海目前和未来发展需要解决的紧迫问题。

二、闯关前行的驱动力

（一）努力培育"新常态"下的经济增长点

上海要顺应全球新产业革命的发展趋势,积极培育新的经济增长点。第一,促进民间资本投资快速增长,放宽社会资本投资的领域限制,化解建设需求所需资金缺口,确保重大项目有效推进,加快产业兼并重组步伐。第二,依托上海自贸试验区,推动科技、产业组织和管理模式等方面的创新,加快企业"走出去"步伐,培育一批投资贸易型企业集团,使战略性新兴产业发展蒸蒸日上。第三,拓展服务业增长和就业空间。结合当前工业革命的产业变化,加强要素结构调整对产业结构调整的牵引,大力发展教育、医疗、文化、生态、信息服务消费,进一步推动服务业开放,提升服务经济的质量,培育产业结构升级的新增长点。

(二)加快创新驱动释放改革强大动力

从上海自身情况看,要突破发展瓶颈和解决深层次问题,根本出路就在于创新。这就要求进一步转变政府职能,加快创新驱动,增强自主创新能力,释放改革的强大动力,以新思路推动上海经济持续、健康、快速发展。其一,要促进高新技术对传统产业的改造,着力发展高新技术产业,大力发展新的能源供应技术和方式,推进低碳社会建设。其二,要大力发展中小微创新型企业,以发展信息、现代物流、技术研发等生产性服务业作为突破口,着力培育一批拥有自主知识产权的信息技术、网络技术、控制技术和供应链技术"四新"技术企业,激活区域创新发展的内生动力。其三,要按照国家对上海科技创新的战略定位,把科技创新摆在发展全局的核心位置,加快建设全球科技创新中心城市,打造开放化的国家人才市场体系,努力促使经济增长模式由金钱资本向人才资本转变。

（三）全面对接"一带一路"和长江经济带

本地区未来发展正在与国家"一带一路"和"长江经济带"建设发展战略进行有效衔接,上海又面临再攀升的发展机会。第一,利用不可替代的发展优势积极搭建和办好上海合作组织、亚信会议、中国东盟自由贸易区等诸多合作平台;积极参与中俄哈蒙四国六方机制、中哈霍尔果斯国际边境合作中心跨境自由贸易区建设等次区域合作机制活动;积极参加我国其他省区与"一带一路"国家和地区间的重要活动;研究设立"一带一路"和长江经济带建设的常设机构;由此建设好"一带一路"和"长江经济带"多区域合作机制和多层次合作平台,提高自己的影响力。第二,以长远和区域协作共赢的眼光,结合"一带一路"沿线国家以及长江经济带各省市经济转型和社会发展的需求,积极探索产业转移合作模式,确立产业发展的优先重点领域,建立起地区产业分工和产业链差异化发展的区域产业体系,创造互利共赢的产业格局。第三,大力发展电子商务,吸引最具潜力的上海电子商务企业或其他省区具有快速发展能力的电子商务企业落户上海,吸引西方发达国家具有创新理念的电子商务企业落户上海,紧密与"一带一路"沿线国家及其他省区的电子商务企业合作,为西部充分发挥资源优势和实现跨越式发展提供支持。

（四）耕好"浦东"改革开放试验田

以"中国上海自贸区"为载体,抢抓"一带一路"战略和亚投行成立的发展机遇,结合上海"四个中心"和科技创新中心建设,努力走出国门,担当起"一带一路"和"长江经济带"战略的先行者。第一,推动商协会构筑沿线贸易网络,加快实施自由贸易区战略，积极同"一带一路"沿线国家和地区商建自由贸易区，扩大服务业开放，加快新议题谈判，逐步构筑起立足周边、辐射"一带一路"和面向全球的自由贸易区网络。第二，构建更高标准的全球贸易投资新秩序，建设与沿线国家和地区特别是沿线亚太地区之间的"投资贸易标准"，消除投资和贸易壁垒，全力促使双边贸易更加便利化。第三，汇集一批"一带一路"的投资贸易机构，与"一带一路"国家和地区之间建立城市间的经贸战略关系，通过自贸区的逐步发展，使其巨大的能量辐射至长三角地区、长江经济带，并带动全国金融、创新、贸易和物流的快速发展。

第二章　面向世界的沿海经济带——长三角

第一节　光彩熠熠的黄金三角洲

一、联袂崛起的金三角

　　长三角地区无论在自然地理条件上还是在经济发展格局上都是一个整体,根据国务院正式批准实施的《长江三角洲地区区域规划》文件,长三角范围包括上海、江苏和浙江。据此,长三角地区介于东经 116°18′～123°与北纬 27°12′～35°20′之间,位于我国东部沿海地区与长江流域的结合部,具有"黄金海岸"和"黄金水道"的双重优势和叠加效应。此区域经济腹地广阔,区域总面积 21.07 万平方公里,占国土面积的 2.19%,是我国内陆地区通向海洋的重要通道,也是我国发展外向型经济的前沿阵地。2013 年,长三角地区以仅占全国 2.2%的土地面积和 10.2%的人口创造了全国 GDP 总量的 20.8%,在社会主义现代化建设全局中具有重要的战略地位和突出的带动作用,对全国经济发展的主导作用进一步增强。

二、蒸蒸日上的区域经济

1978—2015 年,长三角地区经济发展水平大幅提升,GDP 从 645.77 亿元增加至 137966.99 亿元,年均增长 16.0%,快于同期全国年均 15.0%的增长率;占全国的经济总量从 17.7%提高到 20.4%,对全国经济总量的贡献份额远远超过其占全国 2.2%的土地面积比重(见图 2-5)。全国百强县长三角占了一半,世界 500 强企业有 400 多家在此落户。

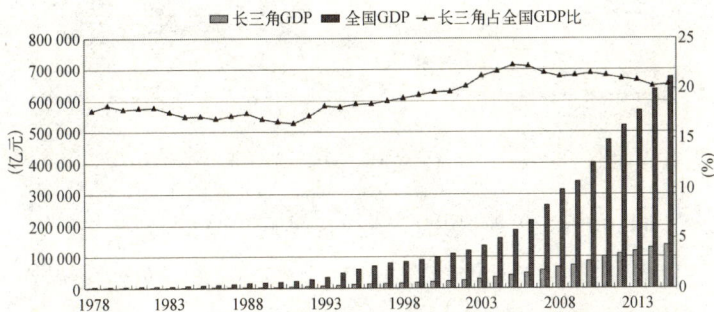

图 2-5 1978—2015 年长三角地区 GDP 及占全国比重

纵观 1978—2015 年,自改革开放以来,长三角地区产业结构升级加快,以第二产业为主导,第三产业发展速度较快,逐渐形成了以石油化工业、钢铁业、汽车制造业、电子信息业、医药化工、纺织服装等工业为主导的产业结构。2013 年,其第三产业占比为 48.34%,首次超过第二产业占比的 46.96%,产业结构历史性地进入了"三二一"时代。与全国相比,长三角产业层次明显高于全国平均水平。2015 年,其第一产业占比低全国 4.9 个百分点,第二产业占比高全国 0.7 个百分点,第三产业占比高全国 4.2 个百分点。

2008—2015 年间,长三角地区对外贸易规模持续增长,发展势头稳中向好。长三角进出口总额年均增长 5.5%,其出口年均增长率为 5.4%,在全国对外贸易中仍然发挥着重要作用(见图 2-6)。

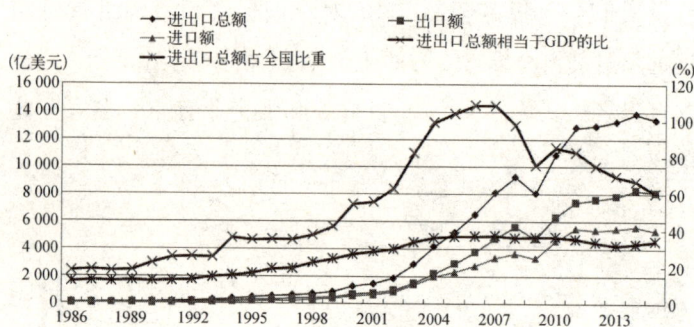

图 2-6　1986—2015 年长三角进出口总额

同时,长三角地区出口结构也呈现出新的特征。首先,一般贸易回升,势头良好。1997—2003 年,长三角地区一般贸易出口额占据比例在50%以上,而加工贸易占比也稳居在48%左右的水平。2004 年加工贸易出口额首次超过一般贸易出口额,此后一般贸易出口额占比一直上升,而加工贸易出口额逐渐下降。其次,长三角地区贸易主体结构变化的一个显著特征就是国有企业在出口总额中的比重不断下降,集体、私营企业以及外资企业出口所占比重不断上升。以1998—2013 年为例,1998 年长三角地区国有企业的出口占长三角总出口额的比重从 51.7%下降到 10%,外资企业的出口占长三角出口总额的比重从 44.2%提高到 50.3%。集体企业和私营企业等其他形式为主体的外贸出口额增长迅速,其占比从 4.1% 上升至 39.7%。

改革开放三十多年来,在长三角经济发展和产业升级过程中外商直接投资发挥了重要的促进作用。自 20 世纪 90 年代以来,大量的外商直接投资进入长三角地区,极大地推动了这一地区的经济发展。1985—2013 年,长三角实际利用外资(主要是指实际外商直接投资)增长了 821 倍,年均增长 27.1%;占全国的比重从 3.9% 上升到 53.7%。从利用外资结构上看,主要集中于第二产业,且以资本和技术密集型的制造业居多;随着经济增长、产业结构优化升级、技术进步加快、贸易扩张加速等发展趋势,外商直接投资在第三产业尤其是金融业、物流业等生产服务行业领域的比重不断增加,发展速度迅猛。

三、长三角经济发展的新形势

(一) 经济总量持续攀高

面对复杂多变的国内外经济环境,长三角地区作为我国经济发展的排头兵,在我国经济发展过程中率先发力,带动了全国经济的快速增长。2015 年,长三角 GDP 达 137966.99 亿元,比上年增长 7.1%,占同期全国经济总量的 20.39%。其中,第一产业增加值为 5930.78 亿元,占全国的比重为 9.7%;第二产业增加值为 59691.29 亿元,占全国的比重为 21.7%;第三产业增加值为 72346.32 亿元,占全国的比重为 21.2%(图 2 - 7)。

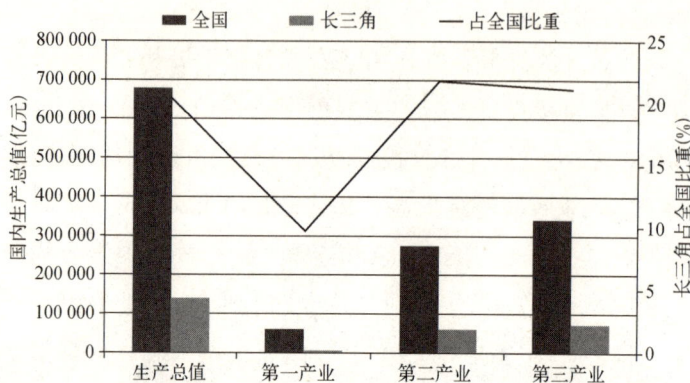

图2-7 2015年长三角国内生产总值及占全国比重

（二）产业结构进一步优化

2015年，长三角三次产业结构调整为4.3：43.3：52.4,产业结构继续保持"三二一"格局；第一产业占比低于全国4.9个百分点,第二产业占比高于全国0.7个百分点,第三产业高于全国4.2个百分点（图2-8、图2-9）。

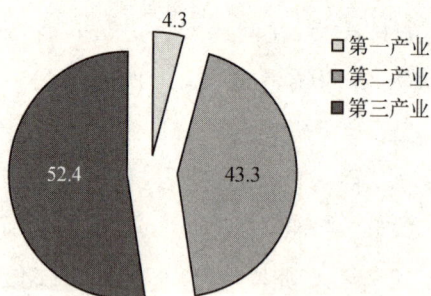

图2-8 2015年长三角产业结构

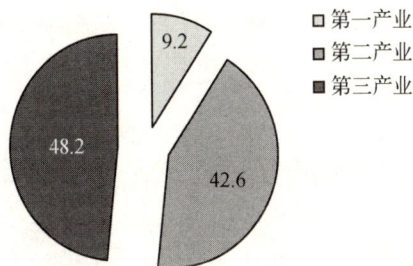

图 2-9　2015 年全国产业结构

（三）对外经济合作注入新动力

2015 年,长三角外贸进出口总额 13419.84 亿美元,同比下降 3.1%。其中,实际出口总额 8110.27 亿美元,同比下降 1.8%;实际进口总额 5309.57 亿美元,同比下降 5.2%。实际利用外资总额 597.38 亿美元,占全国实际利用外资总额的 47.3%,外资利用数量比去年下降 9.05%,但利用外资的质量有所提升,第三产业吸收外资增多,服务业发展成为新动力(见图 2-10)。

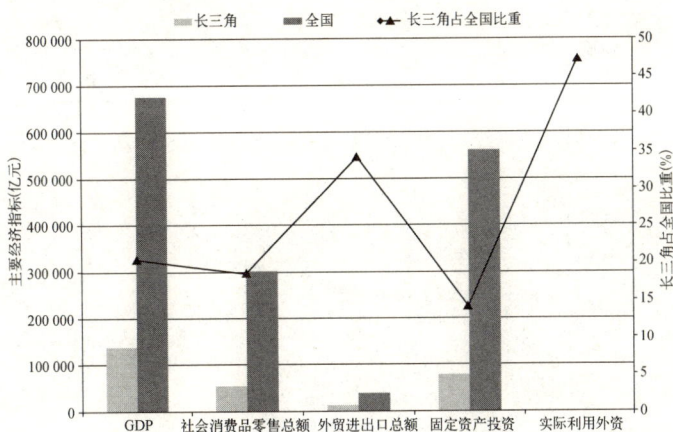

图 2-10　2015 年长三角主要经济指标与全国对比

第二节　差别发展的两省一市

一、稳定又变化的经济总量分布

从图 2 - 11 可看出,改革开放以来,除了 1978 年上海 GDP 位居首位以外,其余年份江苏 GDP 始终占明显优势,浙江次之,上海经济总量最小。2015 年,江苏国内生产总值 70116 亿元,是浙江国内生产总值的 1.6 倍,是上海国内生产总值的 2.8 倍。从图 2 - 12 可看出,长三角两省一市 GDP 占长三角 GDP 比重变化趋势也不一致。1978—2015 年,江苏占比表现为上升趋势,从 38.6% 上升到 50.8%;浙江占比呈现缓慢上升趋势,从 19.2% 上升到 31.1%;上海占比呈现下降趋势,从 42.3% 下降到 18.1%。

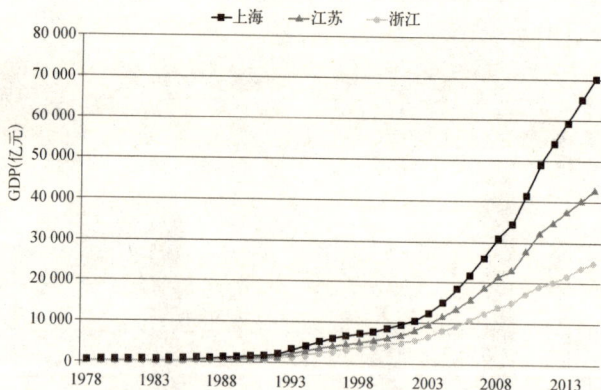

图 2 - 11　1978—2015 年长三角两省一市国内生产总值

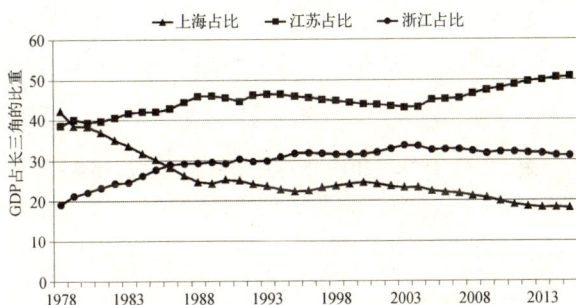

图 2-12 1978—2015 年长三角两省一市 GDP 占长三角比重

二、翻飞而起的地方经济指标

在经济增速上,1978—2015 年,长三角两省一市经济增长速度表现出明显的差异。浙江 GDP 增速明显高于上海和江苏。

在产业结构上,自改革开放以来,长三角两省一市农业比重趋于下降,以工业为主体的第二、三产业比重上升;同时在以工业化为主的国民经济产业结构调整进程中,以自身特色工业为基础,发展块状经济或产业群,取得了显著成就,但在地区内部,三地结构呈现出不同的变化态势。上海产业结构调整走在前列,1999 年第三产业比重就已超过第二产业比重,较早地加快了由低端制造业改向高端生产、服务业融合的前进步伐。城市定位非常清晰,就是要成为长三角乃至全国的国际经济、金融、贸易和航运中心,从而带动长三角和整个长江流域的经济发展。1978—2015 年,上海第三产业占比提高了 49.2 个百分点,2015 年,第三产业占比达67.8%;这一过程中江苏和浙江承接了上海的大部分产业转移,第三产业快速发展,2015 年两省三产占比分别达到 48.6％和49.8％,大于第二产业比重 45.7％和 46.0％(详见表 2 - 3)。

表 2 - 3 1978—2015 年长三角地区三产结构差异

年份	上海			江苏			浙江		
	第一产业	第二产业	第三产业	第一产业	第二产业	第三产业	第一产业	第二产业	第三产业
1978	4.0	77.4	18.6	27.6	52.6	19.8	38.1	43.3	18.7
1998	1.9	49.3	48.8	14.5	50.6	34.9	12.1	54.8	33.2
2015	0.4	31.8	67.8	5.7	45.7	48.6	4.3	46.0	49.8

在进出口总量和规模上,两省一市进出口总额整体变化趋势步调一致,改革开放初期发展较为缓慢,但上海起点较高,浙江起点较低。受 2008 年金融危机的影响,2009 年两省一市进出口总额均有所下降,随着全球经济的复苏,继而回归正常。从两省一市进出口占长三角进出口总额的比重上看,上海占比不断下降,江、浙占比平缓上升。2003 年江苏占比 39.5％,首次超过上海 39.1％。此后,江苏占比一直位居首位,浙江占比缓慢上升,始终位居第三。

在出口结构上,就贸易方式而言,上海和江苏加工贸易所占比重较大,而浙江则以一般贸易为主;就贸易方式合理度而言,浙江合理度最好,上海合理度居中,江苏合理度居后。浙江加工贸易在总出口中所占的比重比较小,这对于浙江贸易可持续发展有利;江苏加工贸易是其主导贸易方式,一般贸易所占比重比较小;上海加工贸易在出口中的比重在逐年递减,贸易方式渐渐趋于合理。

从对外贸易经营主体上看,上海、江苏出口企业结构以外商投资企业为主体,而浙江私营企业占比较大。就主体结构合理度而言,浙江合理度最好,上海合理度居中,江苏合理度居后。浙江出口主体的分布比较均衡,各出口主体都发挥着比较重要的作用,其中外贸出口主体为私营企业;而外资企业渐渐成为江苏外贸出口的主体,且高居不下,近几年外资企业出口占比都在60%左右,这与江苏加工贸易主导有直接关联;与江苏一样,上海外贸出口主体也是外资企业,外资占出口比重达58%左右。

在对外贸易产品结构上,江苏出口中的机电产品和高新技术产品规模迅速扩增,出口产品结构明显优化,电子产品、通信产品、家用电器等已经成为占据主导地位的出口产品。与江苏和上海相比,浙江出口产品结构中,机电产品和高新技术产品出口占比相对较低。不难看出,就商品结构合理度而言,江苏合理度最好,上海合理度居中,浙江合理度较差。江苏高新技术产品所占比重较大;上海的合理度也比较高,在2004年之后高新技术产品占比接近40%左右,在2010年达到了45%;而浙江不仅主要依靠货物出口,而且在货物出口中,主要依靠非高新技术产品。

在利用外资上,江苏外商直接投资规模最大,但最近几年增速较为缓慢,且投资额度变化幅度较大;上海和浙江吸引外资规模相差不大,浙江投资额增速快于上海。1995—2015年,相对于同期浙江14.4%的年均增速而言,上海年均9.1%的增长率较为落后,但上海第三产业在吸引外资中的作用逐渐增强,外资利用已经进入相对高级的阶段。相对于上海和江苏而言,尽管浙江利用外资增速较快,但其吸引和利用外资的起点较低且规模较小,有着大量的本土产业群,规模化和专业化的生产在降低生产成本的同时促进了技术创新,这些专业的中小型批发市场以外销为主,其与国际市场联系紧密的独特优势促进了浙江外商直接投资的快速增长(见表 2-4)。

表 2-4 1995—2015 年长三角两省一市实际利用外资比较

类别	实际利用外资(亿美元)		
	上海	江苏	浙江
1995 年	32.5	47.8	12.6
2002 年	50.3	103.7	31.6
2008 年	100.8	251.2	100.7
2015 年	184.7	242.7	170.0

第三节 乘风破浪的长三角一体化

一、挑战犹存的区域合作

(一)重大基础设施有待进一步对接

近几年,长三角纷纷制定措施加快区域经济融合,在基础设施和交通圈的打造上取得了显著成效,高速铁路互联互通程度明显提高。不过,各地政府规划投入的机场、港口、开发区等重大基础设施存在着重复性建设,如深水港之间存在过度竞争,物流和客运企业之间的联系合作还不够紧密协调,运输的一体化还相对滞后。这就需要进一步加强区域运输一体化建设,真正实现区域内公共基础设施的共建和共享。

(二)产业结构趋同

由于资源禀赋、经济发展水平、产业结构演进规律等方面有许多类似之处,长三角地区在选择发展战略和主导产业时,必然会有相同或类似的选择,这在一定程度上造成了产业同构现象,抑制了区域经济增长极的培育和发展。在第二产业上,三者结构趋同现象严重。其中,江苏与浙江同构现象比较严重,江苏与上海此现象次之,上海与浙江之间的产业结构相比而言稍好。如,江苏同浙江纺织业同构严重,上海同江苏医药制造、橡胶制品业相似程度最严重。浙江和江苏三次产业比重非常接近,第三产业内部结构演进如出一辙:商业零售、交通运输等传统行业的比重不断下降,金融保险业、房地产业、教育文化广播电视服务业、科学研究以及综合技术服务业与社会服务业等服务部门的比重不断上升。

目前,这一区域正在进一步整合资源以加强产业分工协作,形成集群优势,加快长三角整体区域产业结构升级调整步伐,为带动全国经济又好又快的发展发挥重要作用。

(三)行政壁垒与深度融合

“长三角”地区分属于两省一市,虽然也设立了统一的规划,但行政区划仍然在一定程度上了构成了严重的壁垒,阻碍了整个区域之间市场要素的自由流动,减缓了区域经济一体化进程。如三者在积极争夺企业进入和限制企业流出以及鼓励产品流出和限制产品进入等方面都存在着保护本地区的落后企业和产品的倾向。地方政府间的各种贸易和制度壁垒加大了企业的时间成本和入市成本,抬高了区域间流通成本。为了消除行政壁垒,这一地区正在朝着深度融合的方向迈进。

（四）对内对外开放亟需升级

相较于长三角"一带一路"与长江经济带的重要交汇地带的战略地位而言,长三角在国家现代化建设大局和全方位开放格局中,自身发展优势还不够突出,两省一市之间的分工、协同、融合发展不够深入,迫切需要实施进行全方位、多层次、宽领域的对内对外开放战略。以建设世界级城市群为目标,在我国创新驱动发展的新阶段,要取得实质性的突破还需努力。打造对外开放的升级版以形成引领全国在更高层面参与国际合作和竞争的强大引擎的宏伟目标任重道远。

二、运筹帷幄的共赢捷径

（一）加快流通设施互联

加快健全完善长三角综合运输通道和区际交通骨干网络,形成互联式、一体化的交通网络体系。依托长三角地区发达的铁路、航空、公路运输网络和丰富的水路运输资源,大力发展水水联运、水陆联运、公铁联运和空陆联运等多式联运;统筹规划,建设和改造一批商业设施、农产品流通设施、物流设施、信息基础设施、社区基本生活服务网点等流通基础设施,完善区域内布局,形成分工合作、功能互补的基础设施体系,提升运输效率和通过能力,推进基础设施共建共享,强化同城效应和融合发展,增强区域发展支撑能力。

（二）加强产业分工协作

加强分工协作，明确长三角发展定位，通过城市差异化定位，确立中心城市与各业务核心城市的分工，在分工协作基础上，带动各地产业的协同发展。如上海正强化国际大都市的综合服务功能，充分发挥金融、航运、贸易、物流中心的作用，大力发展现代服务业，并突出发展以创新和研发为主的高端制造业。南京、苏州、杭州、宁波等不断提升综合承载能力和服务功能，扩大辐射半径，带动区域整体发展。通过产业分工协作，促进本地区加快发展新兴产业，共建重大产业技术创新链，按产业链的不同环节进行专业化分工，引导产业集群进入全球产业链体系和全球营销体系，逐步形成高端产业集群经济和产业配套体系，突出长三角的国际地位。

（三）深化体制改革与制度创新

转变政府职能，弱化行政区划概念，同时加强顶层设计和统筹协调，将政府"管理"的理念转变到"治理"的理念上来，政府要成为市场的指导和协调者，为区域经济一体化提供制度保障。即，借助政府的推动破解行政壁垒，树立长三角整体意识，在此前提下，找到合作的突破口，探索建立统一的区域市场规则体系。以中国上海自贸区综合配套改革为试点，建设一批国家级创新创业平台和载体，建立统一开放的人力资源、资本、技术等各类要素市场，建立区域统一的资本市场，建立区域统一的技术市场，努力营造公平合理、平等互利、统一规范的市场环境，促进区域经济的协调、健康发展。

（四）提高开放型经济水平

立足长三角，服务全国，面向世界，充分利用国际国内两个市场、两种资源，在更大范围、更广领域和更高层次上参与国际合作与竞争，全面融入世界经济体系。抓住中国上海自贸区机遇，积极拓展经济、贸易、科技、文化、旅游等领域对外交流；进一步加强与东北亚、欧元区以及美英等世界发达国家或地区的合作，快速成长为全球产业链中的重要一环，进一步增强和扩大长三角乃至我国在世界的影响力。

长三角地区地理上相邻，人文上相近，经济上互补，是国家战略的叠加地（中国上海自贸区、长江经济带、丝绸之路经济带及 21 世纪海上丝绸之路）。站在江海联动的交汇点上，长三角又开启了陆海统筹、追江赶海、不断地获取新的动力和打造再次腾飞的宏大征程。

第三章　中国经济的支撑"脊梁"
——长江经济带

第一节　悠悠奔涌的图腾之江

一、起舞翩翩的长龙

翻开中国地图,长达 6300 余公里的长江显得格外醒目,它犹如一条长龙,横亘于中华大地广袤无垠的疆域之上,劈开千山万壑,腾起在耀眼的东方。这条图腾之江历史悠久,物产富饶,无数细流汇聚成了黄金水道。长江流域幅员辽阔,江湖密布,资源丰富,历史文化悠久,既是中华民族的重要发祥地,又是我国经济实力最为雄厚、社会发展水平较高和增长潜力巨大的地区。其对外经济联系和开放度比沿海其他区域更胜一筹,对我国经济发展的战略意义是其他经济带无可比拟的。2014 年习近平总书记和李克强总理均指出要以此打造中国经济新的支撑带,为其迎来发展的黄金期。

二、充满活力的沿江经济带

2013 年 12 月,国家发展与改革委员会正式将长江经济带范围确定为上海、江苏、浙江、安徽、江西、湖北、湖南、重庆、四川、云南和贵州的 9 省 2 市,面积约 205 万平方公里。

长江经济带介于东经 97°22′~123°和北纬 21°8′~35°20′之间,承东启西,接南济北,通江达海,具有广阔的内陆腹地和发展空间,战略地位不言而喻。2014 年,长江经济带人口、生产总值分别占全国的 42.7% 和 44.7%,已逐步成长为我国综合实力最强、战略支撑作用最大的区域之一。另外,这里把上海、江苏和浙江称为长江经济带下游的东部地区;安徽、江西、湖北和湖南称为长江经济带中游的中部地区;重庆、四川、贵州和云南称为长江经济带上游的西部地区。

自 20 世纪 90 年代浦东开发开放以来,长江经济带的经济地位日益凸显。尤其是随着 21 世纪西部大开发战略的实施,我国经济重心逐渐由东向西转移。2005 年中央经济工作会议上明确了实施西部大开发战略、振兴东北老工业基地、促进中部地区崛起、鼓励东部地区率先发展的战略方针以后,中西部地区经济增长速度开始超过东部,长江经济带 GDP 占全国的比重持续上升,其在全国经济中的重要性更为凸显出来(图 2 - 13)。

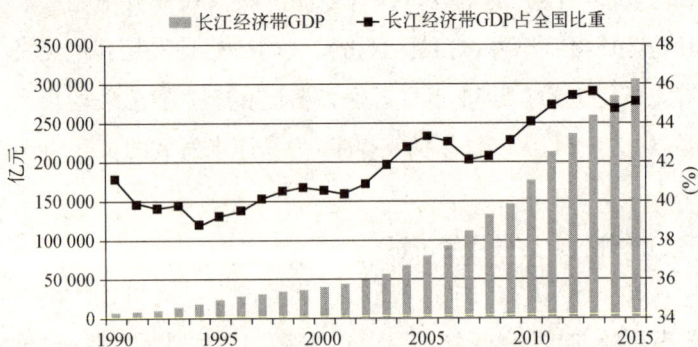

图 2 - 13　1990—2015 年长江经济带 GDP 及占全国 GDP 比重

1990—2015 年,长江经济带 GDP 总量从 7688.8 亿元上升到 305337.0 亿元,年均增长 15.87%;其占全国比重从 41.2%上升到 45.1%。其中,因 1994 年受国内宏观经济调控及 2006—2008 年长三角经济增长放缓的影响,其占比有所下降,但之后由于长江经济带中西部重庆、四川、湖南、湖北、贵州、云南经济加速增长的带动,在全国经济中的占比又迅速抬升。

1990 年以来,长江经济带第二产业蓬勃发展,汽车、钢铁、医药、石化、丝绸、电子、信息等制造业为主体的产业集群优势逐渐彰显,钢铁、石化、能源、汽车、机械、电子、建材等一批在国内处于领先地位的优势企业在该经济带迅速集聚,雄厚的工业基础使长江经济带成为支撑我国经济总量的重点区域以及生产力提升、产业升级的主要支撑基地。1990—2015 年,长江经济带产业结构以第二产业为主体,第三产业发展速度较快,整体上表现为"二三一"的特征。与全国产业结构相比,2015 年长江经济带第三产业占比仍低于全国 3.7 个百分点。为此,长江经济带产业结构正在进一步转型升级。

近年来,长江经济带对外经济贸易发展呈现新态势。1990—2015 年,长江经济带对外贸易额增长迅速,进出口总额从 205.4 亿美元跃升为 16755.3 亿美元,增长了 81 倍多,年均增长 19.3%,快于同期全国进出口年均增长率 4.1 个百分点,占全国比重从 17.8%上升至 42.6%。其中,进口额增长速度较为突出,年均增长 20.95%,快于同期全国进口年均增长率 6.2 个百分点,其占全国进口额的比重从 10.2%上升到 37.8%;出口额年均增长 18.5%,快于全国进口额年均增长率 3.0 个百分点,占全国进口额的比重从 24.3%上升到 46.2%(见图 2-14)。

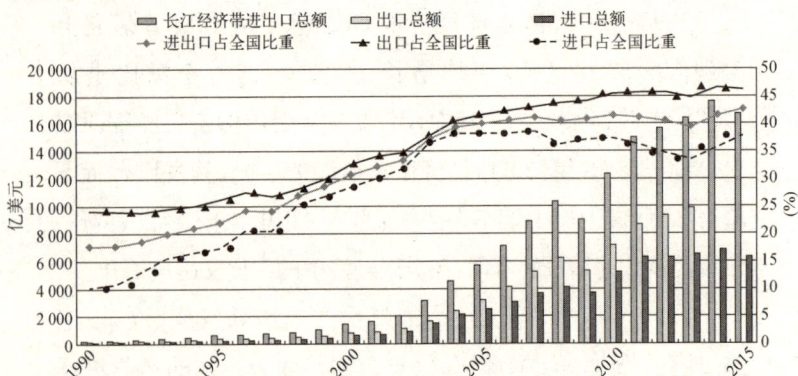

图 2-14 1990—2015 年长江经济带进出口总额及占全国比重

1990—2015 年,长三角实际利用外商直接投资从 5.2 亿美元增加到 1211.1 亿美元,年均增长 24.4%,高于同期全国实际利用外商直接投资年均增长率 9.0 个百分点,占全国实际利用外商直接投资的比重由 14.8% 上升到 95.9%。随着上海自贸区深化改革的全面落实以及"一带一路"国家战略的到来,长江经济带正成为国际产业资本向中国转移的前哨阵地(见图 2-15)。

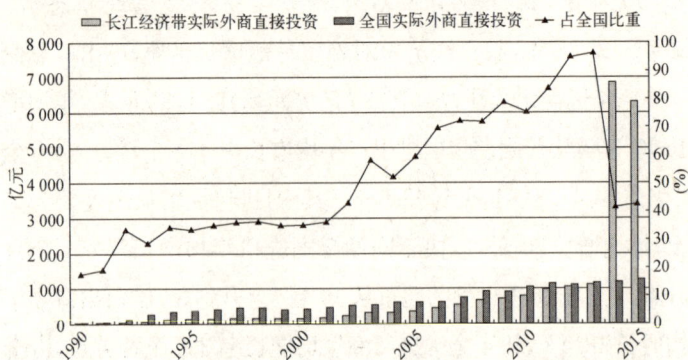

图 2-15 1990—2015 年长江经济带实际利用外商投资额及占全国比重

三、长江经济带经济发展的新趋向

（一）经济规模稳中向好

2015 年，长江经济带 9 省 2 市实现地区生产总值 305337.0 亿元，以名义价格计算，比上年的 284643.9 亿元增长 7.3%；占全国经济总量的 45.1%。其中，第一产业增加值同比增长 5.9%，占全国比重 41.5%；第二产业增加值同比增长 2.3%，占全国比重 49.9%；第三产业增加值同比增长 11.2%，占全国比重 41.7%。

（二）产业结构优化升级

2015 年，长江经济带经济结构持续优化，产业结构从 2014 年的 8.4∶46.9∶44.7 调整为 8.3∶44.9∶46.8。第一产业比重下降 0.1 个百分点，第二产业下降 4 个百分点，第三产业比重上升 1.9 个百分点。产业结构从"二三一"格局转变为"三二一"格局，经济增长主要依靠第二、三产业拉动，第三产业成为主导产业，第二产业仍在经济体系中占据重要位置。与全国的产业结构 9.0∶40.5∶50.5 相比，第一产业占比低于全国 0.7 个百分点，第二产业占比高于全国 4.4 个百分点，第三产业占比低于全国 3.7 个百分点。

第二节　联动互补的实力差异

一、不平衡的经济总量分布

长江经济带自西向东经济发展呈现明显的梯度推进特征：东部的上海、江苏、浙江经济发展水平始终占据上风，其次是中部的安徽、江西、湖北和湖南,西部的重庆、四川、贵州、云南经济发展水平相对落后。2015 年,东部地区经济总量较大,两省一市 GDP 占长江经济带总量的 45.2%;西部地区经济总量较小,三省一市 GDP 占长江经济带总量的 22.9%;中部地区四省占 31.9%。东中部、中西部相差不大,但东西部相差悬殊(见图 2-16)。

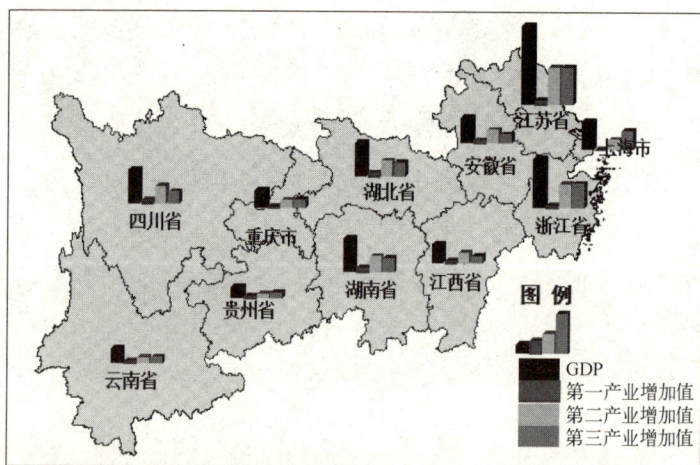

图 2-16 2015 年长江经济带 9 省 2 市 GDP 及三产增加值示意图

在 2015 年的长三角地区,江苏、浙江 GDP 分别居一、二位,且明显领先于其他省市;其余依次排序为四川、湖北、湖南、上海、安徽、江西、重庆、云南和贵州。其中,江苏与贵州近年差距不断拉大,湖南和湖北并驾齐驱,江西、云南和重庆差距较小。四川 GDP 在 2010 年超过上海,湖南 GDP 在 2011 年赶超上海,湖北 GDP 在 2012 年赶超湖南。

二、东西联动的地方经济指标

(一)西快东慢的经济增速

长江经济带9省2市经济年均增长速度表现出明显的差异性。1990—2015年,长江经济带地区 GDP 年均增长15.9%,略高于同期全国 GDP 15.4%的年均增长率。分省市看,江苏、重庆、浙江、贵州 GDP 年均增长最快,这四个省市 GDP 年均增长率均高于长江经济带 GDP 年均增长率。其余省市 GDP 年均增长率均低于长江经济带 GDP 年均增长率。四川、安徽、上海和云南 GDP 年均增长率较小,且低于全国年均增长率15.4%的平均水平(见图2-17)。

进入2015年,长江经济带中西部经济增速大于东部,尤其是西部地区增长率较快,经济活力强劲,逐步显示出了后发优势和巨大潜力。与2014年相比,除了上海增速6.0%、安徽增速5.6%和四川增速5.65%较低之外,其他省市 GDP 增速均高于全国增速6.3%的平均水平;其中,重庆、贵州均保持了10.2%和13.5%两位数的增长速度。

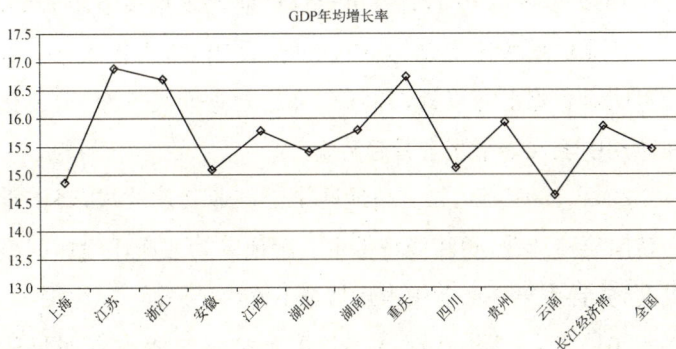

图2-17　1990—2015年全国、长江经济带、9省2市 GDP 年均增长率

（二）承接互补的产业结构

产业发展的客观规律决定了经济发展不能跨越工业化阶段而直接进入"后工业化"时代，必须经历由"二三一"向"三二一"的转变过程。与经济总量发展特征类似，各省市之间的产业结构发展也不平衡，下游地区的产业结构较为合理，第二、三产业对经济增长的贡献较为突出；中上游产业基础较差，第一、二产业对经济增长的贡献较为突出。

自 20 世纪 90 年代以来，以出口导向型为主的工业发展模式使得改革开放初期具备优越地理位置的制造业在长三角地区不断集聚，进而推动了长三角地区两省一市第二产业的发展。与之形成对比的是，长江经济带中上游地区省市没有得到多大发展。1990 年，上海、浙江和江苏第一产业比重相对较小，二、三产业比重均高于长江经济带和全国平均水平；其余省市第一产业比重较大，四川、湖南、江西、云南和贵州第一产业比重大于第二产业比重；且二、三产业占比低于长江经济带和全国平均水平。

1990—2000 年间，各省市第一产业比重均呈下降态势，第三产业比重快速上升，其中，上海、重庆、湖北和江苏上升趋势明显。除上海以外，各省市第二产业也快速增长，占比在波动中表现为平缓上升趋势。

2001—2015 年，长三角地区第二产业增速放缓，经济重心转向第三产业；长江经济带中上游地区第二产业增速明显提高，各省市第一产业中占比持续下降。

2015 年，上海、浙江、江苏、重庆第三产业占有明显优势，第三产业占比均超过第二产业占比。中西部地区从中承接了一批劳动密集型或资源高耗型的企业,经济增长明显形成了以重化工业为主导的特征,冶金、石化、电力、汽车、建材、机电等大用水、大耗能、大运量的产业不断聚集,成为经济增长的主要动力。安徽、江西、四川第二产业优势明显。第一产业占比相对较大的是云南、贵州、四川、湖北、湖南、安徽和江西,占比均在 10% 以上。其中,云南仍处于农业经济占较大比重的发展阶段,第一产业占比最高,达到 15.5%。

总体上,长江经济带产业结构演化主要表现为以下几个特征:第一,长三角地区产业基础较好,产业结构较为合理,中上游地区经济增长速度较快,带动了整个地区经济增长;第二,长三角地区第一产业占比较小,中上游地区第一产业占比较大;第三,第二产业重心逐渐由东向西转移,长三角地区第二产业增速放缓,中上游地区第二产业增速强劲;第四,长三角地区第三产业优势明显,中上游地区第三产业优势正在显现;第五,长三角地区第三产业的增长速度和竞争力强于中上游地区,而中上游地区的第一、二产业增长速度和竞争力强于长三角地区。区域分工与合作加快了中上游地区向第一产业和第二产业为主导的产业结构转变,长三角地区向第三产业为主导的产业格局演变。

(三)东强西弱的对外经济

因长江经济带东部地区交通便利,易于与海外资源、资本、技术和市场建立广泛的经济联系,加上我国的改革开放率先从沿海地区开始,这种双重优势使得东部沿海地区在财政、税收、信贷、对外开放等方面享有较多的优惠政策和自主权。长期以来,东部地区自我积累和发展的能力大大增强,在进出口贸易及引进外资方面比中、西部具备绝对优势，经济发展迅猛。

从图2-18中可以看出，长三角的上海、江苏和浙江进出口总额远远大于其他省市进出口总额；自上世纪90年代以来，上海进出口总额一直占绝对优势；2002年江苏进出口总额1136.7亿美元，首次赶超上海进出口总额（1123.97亿美元）。自此之后，江苏进出口总额一直位于该地区首位。

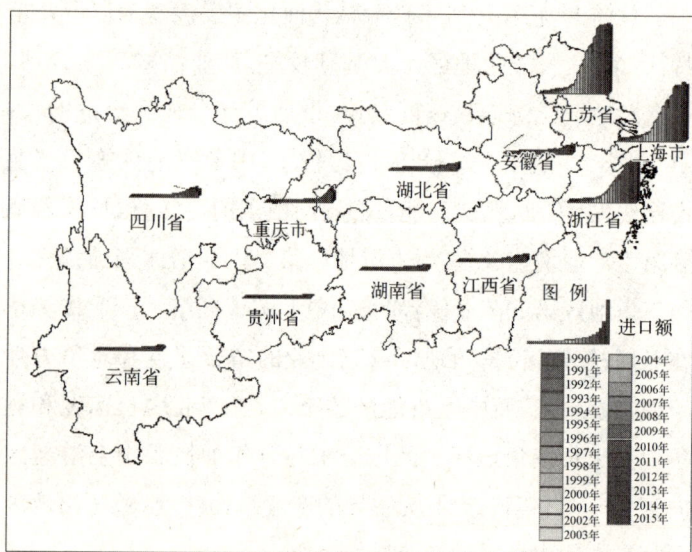

图2-18　1990—2015年9省2市进出口总额

1990—2015年，从进出口总额占长江经济带进出口总额份额上看，上海占比整体上呈现下降趋势，江苏占比先升后降趋势明显，中西部地区各省市进出口总额较小，进出口总额占长江经济带进出口总额的比重均表现为先下降又上升的趋势。其中，湖北、湖南、四川、安徽其占比相对较大。

1990—2015年,从实际利用外商直接投额增速上看,与长江经济带年均增长率19.3%的平均水平相比,重庆、江西、安徽、湖南、四川、云南、浙江和江苏实际利用外商直接投额年均增长率较高,贵州、上海和湖北年均增长率相对较低。

1990—2015年,从实际利用外商直接投额占长江经济带实际利用外商直接投额的比重看,上海、江苏占比相对较高且上海占比不断下降,江苏占比先上升后下降,浙江实际利用外商直接投占比平缓上升。其余各省市实际利用外商直接投资规模虽然较小,但因为增速较快,其占比均持续上升。

专栏

后工业化

后工业化是指服务业的产值和就业超过工业和农业。

后工业化是1973年由美国著名的社会学家丹尼尔·贝尔提出的。他分析了后工业社会的五大特征,并都在发达资本主义国家得到了检验。他认为,后工业社会的一个最简单的特点是大多数劳动力不再从事农业或制造业,而是从事服务业。经济方面的标志是由商品生产经济变为服务经济;职位方面的标志是专业和技术阶段处于优先地位;在决策方面,则是创造新的"知识技术"。

资料来源:MBA智库百科。

第三节 共谋发展的再启航

一、困知勉行的合作发展

(1)经济发展的综合实力差距明显。长江经济带东部的长三角两省一市经济基础较为雄厚,综合实力较强;中、西部地区各省市经济基础较为薄弱,经济发展水平远远落后于东部地区,生产的商品化、社会化与东部相比也存在着较大的差距。这种趋势如果长期得不到有效缓解,将造成中西部地区劳动力和资本大量涌向东部地区,进而加剧这种地区经济发展的不平衡;大量的人口涌入东部地区也会给当地带来交通、治安、生态等诸多方面的压力;最终必然会影响长江沿江经济带作为一个整体区域经济优势的发挥。

(2)在9省2市之间产业衔接尚需协调。虽然长江经济带东、中、西部已经形成了协作关系,但其规模、产业结构等差距太大,且存在着产业同构现象,各省区工业结构相似性很高,并呈现出“两头略低、中间较高”的特点。在9个省会城市中,大部分城市的主导产业都集中在汽车零部件制造、建材、重型机械、电子信息等,上海、江苏、湖北、江西、四川等省市的汽车、石化、钢铁、家电等行业都占有相当大的比重,还没有形成合理而特色突出的区际分工和协作体系。内部竞争必然使本来就相对落后的中、西部地区投入大量的资金进行重复性建设,造成了长江经济带全局区域低效率的经济发展。

(3)交通基础设施建设滞后。虽然长江经济带交通基础设施建设成效显著,但与长江经济带的发展要求相比,综合交通网络体系建设仍然滞后。与多式联运的发达国家和地区相比,长江经济带的对接与联运能力较为薄弱;商品中转及流通环节较多而且耗时长,在物流的时效性、货物运输成本与质量等方面均存在较大差距。其交通设施建设滞后突出表现在向西开放国际通道能力薄弱,各种运输方式衔接不够顺畅。这些问题的存在造成长江上中下游地区之间经济联系不够紧密,经济发展整体性差,资源优势转化渠道不畅,缺乏高效的经济互动。

(4)行政、市场分割化。长江经济带涉及省市众多和经济发展水平相差较大以及资源禀赋条件各不相同等原因,造成现行的行政、市场分割问题较为突出,使得各地区之间利益博弈激烈。区域协调机制的不顺畅造成经济、交通以及生态环保等诸多方面还处于分割状态,地区之间没有建立统一有效的市场监管体系,产品要素和资源流通受到制约。

(5)生态保护面临的压力较大。近些年来长江流域生态环保工作取得了重大进展,但长江生态环境仍面临着严峻的挑战。首先,长江流域是我国主要的水源地、能源资源富集区和珍稀动植物宝库,生态环境敏感区较多,容易造成一系列的生态问题;其次,随着城镇化和工业化进程推进,废污水排放负荷加大,水污染威胁呈加重趋势;再者,下游地区的长三角人口资源环境压力较大,承载的发展空间已经非常有限,资源环境瓶颈日益凸显;最后,长江干流和主要支流沿线集中了大批化工、钢铁、石化等高耗水、重污染的传统产业,潜在的污染风险较大。

二、"一江春水向东流"与"东风西渐"

面对合作障碍,长江经济带诸省市采取了各项措施,以实现共同发展的愿景。这些措施包括以下几方面。

(一)全面对接的再协调

长江经济带开发政策支持的重点在上中游地区。一是在基础设施方面要解决传统单一运输问题,实现水、陆、空无缝对接。二是在市场利益划分上,彻底打破传统的地方分割和贸易保护格局,建立统一市场。三是在产业转移上,把更多产业向中、上游转移,实现互利双赢。四是加强与丝绸之路经济带的战略互动,抓住以重庆为代表的上游省市强劲的发展势头,发挥重庆和成都西部中心枢纽作用,培育连接丝绸之路经济带的重要纽带。五是以云南为桥头堡,建设向西开放的国际大通道,加强与东南亚、南亚、中亚等国家的经济合作,促进上中游地区引进外资、对外贸易等方面的更加广泛而深入的合作。

(二)产业有序转移和分工协作

按照区域资源禀赋条件、生态环境容量和主体功能定位,实施差别化区域产业政策,通过协作分工,结合"一带一路"和长江经济带建设,促进产业布局调整和集聚发展。在着力推动下游地区产业转型升级的同时,依托中上游地区广阔腹地,增强基础设施和产业配套能力,引导具有成本优势的资源加工型、劳动密集型产业和具有市场需求的资本、技术密集型产业有序向中上游地区转移,提高资源配置效率。积极实施"工业4.0"发展战略,支持和鼓励开展产业园区战略合作,建立产业转移跨区域合作机制,以中上游地区国家级、省级开发区为载体,建设承接产业转移示范区和加工贸易梯度转移承接地,推动产业协同合作以及联动发展。

(三)尽快完善交通基础设施体系

交通运输是推进长江经济带建设的重要起点,应以提高主要通道运输能力为重点,加强沿江交通基础设施建设,联合整治长江航道,提高通航能力,建设沿江铁路干线和现代化的沿江高速铁路系统,发展沿江高速公路主干线,形成与干流有机衔接的支线网络;建设一批对能源、钢铁、石化工业和外贸物资运输具有重要作用和具有江海联运、铁水中转、水水中转功能的重点港口,发展江海联运和干支直达的运输体系,建设陆海双向对外开放新走廊,培育国际经济合作竞争新优势。统筹铁路、公路、水路、航空、城际交通建设,建成横贯东西、沟通南北、通江达海、便捷高效的长江经济带综合立体交通走廊,为东、中、西部协调发展奠定基础,为陆海双向开放创造条件,为生态建设做好示范。

(四)打破行政壁垒

区域内正在加强合作,加快完善以国家为主导、各部委联动、各省市政府为主体及社会参与的协调协商与交流沟通机制,力争在统一规划的前提下进行专门规划,共同完成区域合作的产业投资、基础设施建设及生态保护等重大事项。同时,以市场体系建设为重要基点,积极探索市场体制改革,推动市场一体化,构筑统一开放的市场体系,加强财税、金融上的合作,共同利用国内、国外两个市场,让人才和各种要素自由流动,促进商品自由贸易。着力解决流域行政区边界地区发展薄弱的问题,清除妨碍区域合作发展和阻碍生产要素的合理流动的"死角"。

（五）建立严格的生态环境保护机制

生态优势是最大的后发优势，也是长江经济带可持续发展的重要基础，综合治理长江全流域的生态环境问题刻不容缓。为此，一是要建立法制化的流域生态补偿机制，督促上游省市承担起更多的环保责任，中下游受益省市要对此予以充分肯定，且在资金、技术等方面进行援助；二是建立多层级的协商对话机制，跨界行政区间建立信息资源共享平台，增强生态补偿各方面的沟通与协作以及资源优化配置的可操作性；三要进行制度创新，切实突破生态文明建设的制约瓶颈。

在发展速度换挡期和结构调整阵痛期以及前期刺激政策消化将尽的关键时期，要改善民生就必须寻找经济发展的新引擎。从地图上看长江经济带，处在内与外、西部与东部、沿海与山区、工业和农业等多个领域的中枢交汇带上；而其两端地理上的区位优势格外突出，一个向西面向欧亚大陆，一个向东面向亚太地区，担当着对接丝绸之路向西开放、陆地外展和向东拓展以及构筑海洋经济大格局的重任。作为"一带一路"的中间配套，长江经济带具有巨大的发展潜力，其正在成为带动东、中、西部整盘复兴的经济增长极。

主要参考文献

[1] 何惠芳. 上海市河道长效管理机制创新研究. 上海交通大学,2010.

[2] 张焱. 国公共设施设计中的区域文化差异性研究. 南京艺术

学院,2009.

[3]徐匡迪.上海:向世界展示开放的中国.中国企业家,1999(9):11.

[4]邹荣庚.试论上海在中国经济发展中的战略地位.上海党史研究,1998(S1):42—44.

[5]曾刚,倪外.新中国成立以来上海城市经济发展研究.经济地理,2009(11):1777—1782.

[6]熊世伟.上海产业结构调整的演进和经验.浙江经济,2004(9):52—53.

[7]覃桂凤.上海对外贸易解耦股与经济增长关系的实证研究.上海交通大学,2012.

[8]省发改委外资处.上海利用外资约占全国 1/7.http://www.zjdpc.gov.cn/art/2014/3/1/art_105_634399.html,2014—03—01,2015—06—19.

[9]2013 年上海实际利用外资同比增长.http://www.chinairn.com/print/3371399.html.

[10]黄奇帆.面向世界的宏伟工程——开发上海浦东新区.国际商务研究,1991(12):1—3.

[11]叔平.创造"法制化和国际化的营商环境"上海自贸区"先行先试"将释放新一轮改革红利.上海质量,2013(8):14—17.

[12]高骞."十三五"时期上海发展瓶颈与破解思路研究.2015,75(2):68—73

[13]芮明杰."工业 4.0"与 CPS 战略、路径下的上海准备.http://www.dfdaily.com/html/8762/2014/9/16/1185912.shtml,2014—09—16.

[14]王海燕.上海在"一带一路"和长江经济带建设中的定位与作用研究.科学发展,2015(76):92—98.

[15] 新华网．习近平:加快实施自由贸易区战略加快构建开放型经济新体制．http://politics.people.com.cn/n/2014/1206/c1024—26160831.html,2014—12—06,2015—06—19.

[16] 长三角联合研究中心．长三角统计年鉴2012.南京:河海大学出版社,2012.

[17] 熊俊．长三角对外贸易方式演进规律与趋势研究．求索,2012(6):46—48.

[18] 张立．外商直接投资对长三角经济发展的影响研究．贵州社会科学,2012(1):52—57.

[19] 朱方．泛长三角地区各省市对外贸易发展状况比较研究．安徽大学,2011.

[20] 邓罗飞,何涛舟,施丹锋．长江三角洲地区经济一体化的现实困境与对策研究．商业经济,2010(1):90—91.

[21] 徐剑锋．苏浙沪产业结构的趋同与区域经济合作．浙江学刊,2003(4):141—148.

[22] 长三角市场一体化发展合作机制启动:流通设施互联 http://finance.ifeng.com/a/20141217/13363288_0.shtml.

[23] 禚金吉,魏守华,刘小静．产业同构背景下长三角产业一体化发展研究．现代城市研究,2011(2):24—29.

[24] 傅建武．长三角概况 http://www.360doc.com/content/15/0209/14/6153377_447457569.shtml.

[25] 操世元．长三角一体化过程中的行政壁垒．湖州师范学院学报,2006(5):85—88.

[26] 张锋．长三角地区的协调发展与科学统筹．江苏省系统工程学会第十一届学术年会论文集,2009.

[27] 杨洁．21世纪长江经济带前景展望．中国生产力发展研究报告．2006:33—63.

[28] 四川新闻网资阳频道. 长江经济带:满盘皆活的全局战略. http://zy. newssc. org/system/2010063/000917658. html,　2015—06—19.

[29] 国务院. 国务院关于依托黄金水道推动长江经济带发展的指导意见. http://www. gov. cn/zhengce/content/2014—09/25/content_9092. htm,2015—04—22.

[30] 邹炜龙. 长江经济带开发开放战略由来与演变. http://3y. uu456. com/bp_95tpm99fsn9acj39pwbt_1. html,2015—04—23.

[31] 黄庆华,周志波,刘晗. 长江经济带产业结构演变及政策取向. 经济理论与经济管理,2014(6):92—101.

[32] 沈玉芳,罗余红. 长江经济带东中西部地区经济发展不平衡的现状、问题及对策研究. 世界地理研究,2000(2):23—30.

[33] 李慧. 长江经济带:新棋局如何打开. 2014.

[34] 杨培举. 长江战略的多维解构. 中国船检,2014(12):11—14.

[35] 陈南岳. 长江流域可持续发展研究. 中国软科学,2001(2):112—115.

[36] 廖志慧. 构建长江绿色生态廊道. 湖北日报,2014.

[37] 徐亚华,沈雪梅. 协同共舞,"黄金水道"释放更多"黄金效应". 南通日报,2015.

[38] 国务院. 关于依托黄金水道推动长江经济带发展的指导意见. 综合运输,2014(11):4—13.

[39] 李志萌. 共建长江经济带生态文明. 江西日报,2014.

[40] 中国统计年鉴.

[41] 上海统计年鉴.

[42] 新中国60年统计资料汇编.

[43] 历年长三角统计年鉴.

[44] 历年上海市统计年鉴.

[45] 历年浙江省统计年鉴.

[46] 历年江苏省统计年鉴.

[47] 历年上海市国民经济和社会发展统计公报.

[48] 历年浙江省国民经济和社会发展统计公报.

[49] 历年江苏省国民经济和社会发展统计公报.

第三篇
梯度分明的华北与东北

　　从京津冀沿渤海湾自南向北，依次分布着山东、辽中南地区、哈长地区等我国重要的城市群和经济区域。这些区域各具优势、梯度分明——京津冀地区引领北方经济崛起，山东是沿海经济强省，辽中南老工业基地焕发出新的活力，哈长地区蓄势而发。

第一章 三大支撑带中的新支点
——京津冀

第一节 动力充沛的京津冀都市圈

2015 年,《京津冀协同发展规划纲要》的获批推动了北京、天津、河北的协同发展成为国家的重大发展战略。京津冀地区地处渤海湾,包括北京市、天津市以及河北省的石家庄、唐山、秦皇岛、邯郸、邢台、保定、张家口、承德、沧州、廊坊、衡水十一个地级市,约占全国总面积的 2%,全国总人口的 8%。京津冀地区既是我国的政治文化中心,也是人口和经济高度密集区。

京津冀地区拥山临海,风景秀美,自然资源极其丰富。区域内有北京百花山国家级自然保护区、天津古海岸与湿地国家级自然保护区等 16 个国家级自然保护区、20 个国家森林公园和 10 个国家级风景名胜区。京津冀地区云集了经济发展所需的各种能源、矿产,滨海新区拥有 1200 多平方千米交通便捷、成本低廉的可开发土地资源,河北省也拥有 3000 多平方千米的土地储备资源。

京津冀区域内交通便利。北京、天津、保定、廊坊、唐山等城市之间的距离不超过 200 千米。区内有天津港、曹妃甸港等天然良港,铁路网和公路网贯穿南北,机场密布,航线密集。发达的立体交通网极大地降低了区内物流成本,有利于要素在区域内流动。为落实京津冀协同发展战略,2015 年,区域城际铁路网开建,三地机场尝试一体化运营,并推动"空地联运"。京津冀地区正在形成轨道、公路、航空和港口共同组成的立体化区域交通网络。

这些特点使得京津冀都市圈成为中国城市化发展中"两横三纵"以及"一带一路"上的重要的城市群落,后劲与动力极为充沛。

第二节 基础雄厚的北方经济中心

一、素质殷实的区域底劲

京津冀地区基础雄厚,工业、科技、教育发达,是中国参与国际竞争的重要依托,拥有十分突出的战略地位。

从统计数字可以看出京津冀地区的经济实力不凡:2015 年,北京地区生产总值为 22968.6 亿元,天津为 16538.19 亿元,河北省为 29806.1 亿元,京津冀地区生产总值达到 69312.89 亿元,占国内生产总值的 10.24%;京津冀地方财政一般预算收入 10039.39 亿元,占全国财政一般预算收入的 6.6%。全社会固定资产投资额 50505.06 亿元,占全国固定资产总额的 9%。该地区主要经济指标在全国的比重见图 3-1。

京津冀地区主要经济指标在全国的比重

■ 京津冀 ■ 其他地区

	京津冀	其他地区
GDP	10.24%	89.76%
财政收入	6.60%	93.40%
固定资产投资	9.00%	91.00%

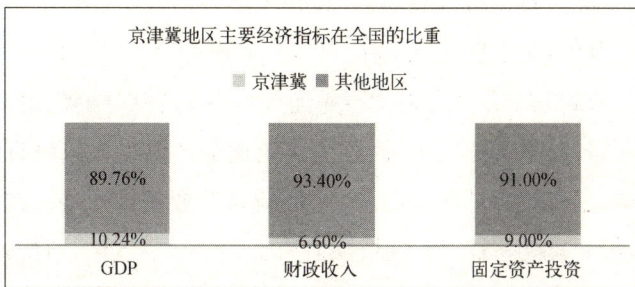

图 3-1 京津冀地区主要经济指标在全国的比重

　　京津冀地区资源丰沛并具有独特的地理优势和极为重要的经济与政治地位,向东直面东海,向西沟通内蒙、山西、陕西、宁夏、甘肃、新疆和青海等地区,极具辐射与集聚功能。与长三角和珠三角地区相比,京津冀都市圈初展崛起之势,巨大的潜力正在日益彰显。

　　土地是经济发展的载体,河北沿海和天津滨海地区有大量可供开发的滩涂荒地,是发展石油化工、海洋化工等工业的理想地区。

　　劳动力是经济增长的重要因素,根据第六次人口普查数据,河北省劳动年龄人口的绝对数量占优,京津人力资源质量高。京津冀区域内劳动力状况的差异成为劳动力合理流动、降低劳动力成本的有利基础。

　　在产业发展上,京津冀三地各有侧重,产业优势互补特点突出。北京市重点行业有电力、热力生产和供应业、汽车制造业,计算机、通信和其他电子设备制造业、医药制造业、专用设备制造业、通用设备制造业,以及战略性新兴产业。天津市的航空航天、石油化工、装备制造、电子信息、生物医药、新能源新材料、国防科技和轻工纺织为八大优势支柱产业。其中,航空航天、生物医药等新兴产业增长迅速,装备制造业贡献突出。河北省的产业优势集中在光伏、钢铁、玻璃、水泥、轻纺等行业里,然而这些传统优势产业主要依赖自然禀赋,存在产能过剩问题,战略性新兴产业亟待发展。2015年,河北省高新技术产业增加值增长 11.6%。其中,新材料、高端装备制造、电子信息和新能源四个领域增长较快。

资本是最活跃的生产要素,通过与劳动力、土地等其他生产要素融合,可以催生新的生产力。在京津冀资本市场布局中,既有作为龙头的北京,又有金融创新排头兵天津,发展潜力巨大。

北京市的金融产业居高而厚重,繁茂而磅礴。2015 年,北京市证券、保险行业实力继续增强,"新三板"和"四板"快速发展,多层次资本市场体系建设进展稳定有序;北京产权交易所集团、北京石油交易所等要素市场发展良好,市场化资源配置能力日益提升;股权投资基金业领先全国,小额贷款公司、融资性担保机构等新兴金融业态平稳运行,互联网金融正在快速健康发展。2016 年 7 月底,北京辖区 A 股上市公司已达 270 家,占全国 A 股上市公司总数的 9.36%,在中国证监会 36 个监管辖区中排名第二,总市值更是占到全国上市公司市值近四分之一。2016 年上半年北京市金融业实现增加值 2179.7 亿元,同比增长 9.2%,占地区生产总值的比重为 19.1%,对经济增长的贡献率达 26.3%。金融业已成为带动北京市经济增长、构建"高精尖"经济结构的支柱产业。

　　天津市的金融业独具动能。2015年,天津金融业增加值为1588.12亿元,增长11.7%,金融对经济增长的贡献率超过15%,拉动经济增长1.5个百分点,金融业目前已经成为天津国民经济社会发展的重要支柱产业。天津市出台了金融改革创新三年行动计划,融资租赁、商业保理等新型业态集聚发展,融资业务规模继续位居全国前列,新增上市和新三板挂牌企业52家,金城银行、渤海人寿保险等金融机构投入运营。在金融创新方面,天津市不仅是全国首批民营银行试点地区之一,而且金融租赁行业发达。例如,在2014年,工银租赁先后完成"首笔运用国外担保的飞机租赁业务"和"银行系租赁公司首笔海工平台租赁业务",成为首次使用"非母公司担保结构为商用飞机进行融资"的金融机构,成为拥有国内建造海工平台的首家银行系金融租赁公司。

　　科教积淀与先行是创新的重要驱动力。其一,京津冀地区科技资源丰富。北京地区是高等院校科研院所最密集的地区之一,中关村更是中国创新创业的中心。"十一五"期间,北京高新技术企业数量接近全国高新技术企业总数的四分之一,聚集了180多家(占全国30%以上)研发平台(国家级重点实验室、工程实验室和工程与技术研究中心等)。天津市综合科技进步速度一直位居全国前列,2015年全年新增科技型中小企业1.38万家,累计达到7.33万家;其中,新增小巨人企业510家,累计达到3453家。其二,京津冀地区研发能力强大。根据第三次全国经济普查数据,2013年,三地规模以上工业企业的研发经费745.8亿元,约占全国的9%;国内发明专利申请授权25844项,约占全国的五分之一。仅在 2013 年,京津冀三地技术市场的科研成果转化成交额就有 3159.44 亿元。其中,北京的技术市场成交额占全国该项成交额的 40%。

从要素驱动和投资驱动到创新驱动,京津冀地区经济基础雄厚,发展动力大而且底劲十足。京津冀地区不仅是北方经济中心,更是引领中国经济前行的又一崛起的区域。在这片土地上,最璀璨的明珠无疑是北京中关村、天津滨海新区以及河北沿海发展带。

二、创新创业的先锋——中关村

中关村国家自主创新示范区是我国创新创业的先锋。中关村起源于 20 世纪 80 年代初的中关村电子一条街。此后,在党中央、国务院高度重视下,中关村相继成为我国第一个高科技园区和第一个国家自主创新示范区。中关村是"深化改革先行区、开放创新引领区、高端要素聚合区、创新创业集聚地、战略产业策源地"。目前,采用一区十六园的发展格局,重点建设"两城两带"——中关村科学城、未来科技城、北部研发服务和高技术产业带、南部高技术制造业和战略性新兴产业带,这有力地促进高端产业集群发展。到 2020 年中关村将建成具有全球影响力的科技创新中心。

在"创新""创业"成为年度热词的同时,因为李克强总理的到访,中关村的核心区——中关村创业大街为"大众创新、万众创业"又添上了浓重的一笔。中关村创业大街是创业服务集聚区、科技企业发源地、创业文化圣地和创业者精神家园。这里位于中关村的核心区,凭借空间优势以及创业服务、创新服务、产业促进和国际合作的优势资源,街区得以构建服务功能完善的创业生态。中关村创业大街提供完善的创业服务功能,既可以满足创业者寻求交流空间、活动场地、网络服务等创业硬需求,又可以满足投融资对接、创业培训、创业媒体宣传、创业孵化、企业招聘等创业软需求。这里不仅提供企业设立服务、科技金融服务、法律咨询服务、人力资源服务、知识产权服务、政策咨询服务等创业服务,还设立中关村创业大街联合党委、联合团委平台、新阶层人士联谊会等创业者管理组织,集聚了一批创业服务机构。如今,这里已经有车库咖啡、3W咖啡、Binggo咖啡、飞马旅、36氪、言几又、创业家、联想之星、天使汇等入驻创业服务机构、投资机构40家,孵化创业团队共计1791家,其中约600个团队在街区孵化。其创业会客厅已累计有超过60家企业和政务部门入驻,共有3426家企业前来咨询。其中,363家企业与服务机构签订服务合作协议,80家初创企业在三证合一窗口完成企业设立。现在,中关村创业大街已经成为中国创新和创业的新地标。

随着京津冀协同发展战略的持续推进,中关村进一步发挥其优势,担负起了带动京津冀区域协同创新的重要使命。其一区十六园已与天津滨海新区、宝坻,河北石家庄、唐山、秦皇岛、承德、廊坊、保定等地区建立了战略合作关系,务实地推动了天津滨海中关村科技园、宝坻京津中关村科技新城、石家庄集成电路封装测试产业基地等一批科技园区和产业基地建设。据不完全统计,中关村领军企业已在河北设立分支机构1029家,在天津设立分支机构503家。而随着中关村经济结构进一步趋向"高精尖",包括津冀在内的京外企业，也纷纷在中关村设立研发机构、总部等。

> **专栏**
>
> ### 国家自主创新示范区
>
> 国家自主创新示范区是指，经中华人民共和国国务院批准的并且在推进自主创新和高技术产业发展方面先行先试地探索经验和做出示范的区域。
>
> 中国国家科学技术部指出，建设国家自主创新示范区对于进一步完善科技创新的体制机制、加快发展战略性新兴产业、推进创新驱动发展和加快转变经济发展方式等方面将发挥重要的引领、辐射和带动作用。截至2015年9月，国务院批复了北京中关村、武汉东湖、上海张江、深圳、苏南、天津、长株潭等十个国家自主创新示范区。

三、经济增长第三极——天津及天津滨海新区

如果说深圳是中国经济增长第一极而上海是第二极的话，那么天津及天津滨海新区就是中国经济增长的第三极。滨海新区地处环渤海经济带和京津冀城市群的交汇点，区内资源丰富，开发建设用地储备充分，滨海新区拥有世界吞吐量第五的综合性港口和北方最大的航空货运机场，是连接国内外、联系南北方和沟通东西部的重要枢纽。天津滨海新区依托京津冀，服务环渤海，辐射"三北"，面向东北亚，是我国北方对外开放的重要门户、高水平的现代制造业和研发转化

基地以及北方国际航运中心和国际物流中心，其环境优美的宜居生态型新城区已初具规模。

"十二五"末期，天津地域相继设立了天津自贸区和天津滨海国家自主创新示范区。天津及滨海新区的发展进入新阶段。

中国（天津）自由贸易试验区是中国北方第一个自由贸易区，也是继中国（上海）自由贸易试验区之后，中央政府设立的第二批自由贸易试验区之一。它以制度创新为核心任务，以可复制可推广为基本要求，正成为京津冀协同发展高水平对外开放平台、中国改革开放先行区和制度创新试验田以及面向世界的高水平自由贸易园区。经过三至五年的改革探索，天津自贸试验区将重点实施行政管理、投资、贸易、金融和引领推动京津冀协同发展五个方面的试点内容，逐步建设成为贸易自由、投资便利、高端产业集聚、金融服务完善、法制环境规范、监管高效便捷、辐射带动效应明显的国际一流自由贸易园区，在京津冀协同发展和中国经济转型发展中发挥示范作用。

天津滨海国家自主创新示范区包括一区二十一园，是京津冀科技新干线的新节点。滨海自创区的目标是建成创新主体集聚区、产业发展先导区、转型升级引领区和开放创新示范区。提供平台支持是天津自创区创新服务的主要方式。然而，天津自主创新示范区不是简单复制"中关村"，而是与北京协同创新，利用首都非核心功能外迁良机，充分整合北京科教型资源、天津产业型资源与河北基础型资源，与周边地区一起走共赢发展之路。

再工业化与去工业化

2008 年金融危机再次引发了理论界和实务界对"去工业化"和"再工业化"问题的关注。2009 年美国政府制定了旨在推动制造业复兴的"再工业化"政策取向,对发展中国家的工业化进程产生了深远影响。

"去工业化"既指以制造业为主要代表的工业经济活动在国家之间、一国不同地区之间的转移过程,也暗含伴随该转移过程在经济机构、社会结构、经济增长方式等多方面的变化。其中,经济结构的变化包含由制造业为主导的经济向以服务业为主导的经济过渡,也包含以制造业主导向第一产业为主导的经济过渡。

"去工业化"可以减少发达国家在本国的资本投入、减缓经济增长。对于发展中国家,发达国家"去工业化"进程有助于其经济发展,但自然资源和劳动力成本优势也受限于发达国家发展战略的变化,很可能转瞬即逝。

基于对"去工业化"负面影响的现实考量,发达国家开始了"再工业化"进程,其实质不是对传统产业的再造和扶持,而是重点发展高新技术产业,并通过高新技术对现有产业进行改造升级,并发展能够支撑未来经济增长的高端产业。"再工业化"客观上会加快发达国家传统产业的跨国转移,并且不一定会制约服务业的发展,相反有可能催生一些新的高端生产类和消费类的服务业。

四、协同京津——河北的"两翼四区"

2016年，为推动京津冀城市群建设、有序承接北京非首都功能疏解，河北提出将优化城乡空间布局，推动城市"组团式发展"，突出中心城区与周边县（市）错位发展，形成布局合理、功能衔接、各具特色、联系紧密的城乡空间格局。

同年2月，《河北省新型城镇化与城乡统筹示范区建设规划（2016—2020年）》印发，河北将构筑"两翼、四区、五带、多点"的城镇空间结构。"两翼"为打造石家庄、唐山两大省域中心城市，以之健全产业体系和增强对区域的辐射功能。"四区"包括：保定、廊坊环京津核心功能区；秦皇岛、唐山、沧州沿海率先发展区；石家庄、邯郸、邢台、衡水冀中南功能拓展区；张家口、承德等冀西北生态涵养区。

河北省环京津核心功能区旨在推动保定和廊坊着力提升"非首都功能"承接能力，其着力建设白洋淀科技城和北京新机场临空经济区，加快形成与京津功能互补、协调联动、产业层次高、创新能力强、引领京津冀协同发展的核心区域；沿海率先发展区旨在推动唐山、沧州、秦皇岛发挥沿海开放优势，主动融入环渤海合作发展大格局，着力建设曹妃甸区、渤海新区、北戴河新区，打造全省开放型经济引领区和战略增长极；冀中南功能拓展区旨在推动石家庄、邯郸、邢台、衡水强化先进制造业发展、科技成果产业化、高新技术产业发展和增强农副产品供给功能，着力建设正定新区、冀南新区、邢东新区、滨湖新区，加快形成城乡统筹发展的重要示范区；冀西北生态涵养区旨在推动张家口、承德及太行山区重点提升生态保障、水源涵养、旅游休闲、绿色产品供给等功能,构建绿色生态产业体系,建成全国生态文明先行示范区。

第三节　使命重大的京津冀协同发展

一、京津冀协同发展的渊源

从 1986 年环渤海区域合作概念提出伊始,京津冀区域合作概念也随之形成。自 2013 年起,京津冀协同发展驶入"快车道"。同年 5 月,习近平同志在天津调研时提出要谱写新时期社会主义现代化的京津"双城记";8 月,习近平同志在北戴河主持研究河北发展问题时又提出要推动京津冀协同发展。此后,习近平同志多次就京津冀协同发展作出重要指示,强调将解决好北京发展问题纳入京津冀和环渤海经济区的战略空间,以打通发展的大动脉,更有力地彰显北京优势,更广泛和高效地激活北京要素资源,同时天津、河北要实现更好发展也需要连同北京发展一起来考虑。

2014 年,京津冀协同发展开始自上而下提速。2 月 26 日,习近平同志在京津冀协同发展工作会议上强调了实现京津冀协同创新发展是一个重大国家战略,要优势互补、互利共赢和扎实推进,加快京津冀区域的协同发展,并就推进京津冀协同发展提出七点要求,其第一条就是要着力加强顶层设计。习近平强调,京津冀协同发展意义重大,对这个问题的认识要上升到国家战略层面。各地要打破自家"一亩三分地"的思维定式,抱成团朝着顶层设计的目标一起做。在全国两会上,国务院总理李克强作了新一届政府首份工作报告,将"加强环渤海及京津冀地区经济协作"写入其中。12月,全国经济工作会议提出重点实施京津冀协同发展战略,优化经济发展空间格局。2015年4月30日,中央政治局会议审议通过了《京津冀协同发展规划纲要》,6月,京津冀三地发布首批区域协同地方标准,三地还将围绕环境治理、产业对接和交通协作等重点领域探索和制定实施更多区域协同发展的地方标准。随后,北京、天津、河北均根据地方总体规划和任务分工方案,提出年度重点任务,并推进落实。三地在交通、人才、环保等领域的合作也迅速全面铺开。从区域合作到协同发展,京津冀区域合作已进入高速发展的新时期。

二、京津冀协同发展的挑战

长期以来,京津冀三地竞争大于合作。回顾协同发展的历史不难看出,京津冀之间的合作基础深厚而广泛,但三地仍有多年的短板尚未协同修补。例如,京津冀已经形成的交通体系在衔接与整合上不够紧密;自然形成的梯度产业尚缺集聚;资本市场发达却发展不均;生态合作开始启动但互惠不够;劳动力流动频繁但公共资源配置有欠妥当;地区发展一直不够清晰。

三、京津冀同舟共济发展的内涵

在2015年4月30日的中共中央政治局会议上,《京津冀协同发展规划纲要》获得通过。此次会议指出,推动京津冀协同发展是一个重大国家战略。战略的核心是有序疏解北京的非首都功能,调整经济结构和空间结构,走出一条内涵集约发展的新路子,探索出一种人口经济密集地区优化开发新模式,疏堵结合调控北京市人口规模。要在京津冀交通基础设施整合、生态环境保护和产业升级转移等重点领域率先取得突破。要大力促进创新驱动发展,增强资源能源保障能力,统筹社会事业发展,扩大对内对外开放。要加快破除体制机制障碍,推动要素市场一体化,构建京津冀协同发展的体制机制,加快公共服务一体化改革。要抓紧开展试点示范,打造若干先行先试平台。

京津冀协同发展的内涵就在于"同舟共济、协同发展"。同舟共济共赢是海洋思维习惯中的海上生存法则,即面对巨大而莫测的海上风险任何个体都要各司其职,任何"搭便车"的个体不当行为都会导致同船难行以至共沉的结局,共济之时没有单赢而只有共赢。简言之,协同发展是通过理顺体制机制实现优势互补的发展,是利用现有梯度态势实现区内错位发展,是有所为和有所不为的有先后有重点的分领域发展,是通过创新来实现绿色而集约的发展。

四、京津冀协同发展的重点和难点

京津冀协同发展分近期(2017 年)、中期(2020 年)和长期(2030 年)目标,是分步骤实现的长期发展战略。当前三地协同发展的主要任务是一个战略核心和三个重点领域(如图 3 - 2 所示)。

其战略核心就是以有序疏解北京非首都功能为核心。北京的核心功能定位于全国政治中心、文化中心、国际交往中心和科技创新中心。那些相对低附加值、低带动作用的经济部

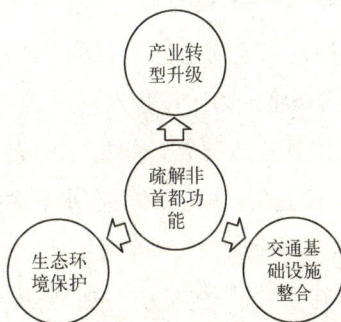

图 3-2　近期京津冀协同发展的主要任务

门(如低端制造业和批发市场)和一些受非市场因素决定的公共部门(如一些医疗、教育部门)则是北京的非首都功能。

　　产业转移与升级是疏解非首都功能的突破口,这就是京津冀协同发展的第一个工作重点领域。北京的人口规模早已超出其城市的承载能力,而调控人口规模的重要做法之一就是通过对产业的调控与升级来影响就业,从而达到控制人口规模的目的。京津冀产业转移与升级过程也面临三个难点:其一,首都的产业如何转移出去,也就是怎样有序疏解非首都功能;其二,天津与河北如何承接并延伸转移来的产业;其三,天津与河北如何实现产业升级以及产业创新。只有对产业进行逐个梳理,才能实现区域内要素的合理流动和配置,进而建设好京津冀产业协同发展的生态环境。

　　交通基础设施整合是其第二个工作重点领域,是京津冀协同发展的突破点。这包括交通在内的基础设施一体化是实现区域间资源共享、提高资源的使用效率和投资效率的重要途径。在区域立体交通网基本建立的基础上,交通整合的工作重点在于"补"——不仅要补足河北省在交通基础设施上的差距,更要补足三地交通网衔接的"空隙"、"断崖"。在此过程中,三地协调将成为工作难点。

生态环境保护是其第三个工作重点领域。京津冀经济发展已经面临环境"倒逼"的风险,必须在水资源配置、污染联防联控和节能减排等方面加大行动力度。若要取得新突破,下一步的工作重点在于"统",包括统一规划、统一标准、统一监测、统一执法和统一补偿。工作的难点在于如何突破地域限制和提高环境精细化管理水平,以及如何建立统一的生态补偿机制、补偿标准和切实实现环保成本共担、环保收益共享。

五、京津冀协同发展的进展

在总体规划上,全国第一个跨省市的区域"十三五"规划——《"十三五"时期京津冀国民经济和社会发展规划》印发实施,这是推动京津冀协同发展重大国家战略向纵深推进的重要指导性文件,明确了京津冀地区未来五年的发展目标。规划提出,到 2020 年,京津冀地区的整体实力将进一步提升,经济保持中高速增长,结构调整取得重要进展;协同发展取得阶段性成效,首都"大城市病"问题得到缓解,区域一体化交通网络基本形成;生态环境质量明显改善,生产方式和生活方式绿色,低碳水平上升;人民生活水平和质量普遍提高,城乡居民收入较快增长,基本公共服务均等化水平稳步提高。

在战略核心上,有序疏解北京非首都功能是京津冀协同发展战略的核心,是关键环节和重中之重,对于推动京津冀协同发展具有重要先导作用。疏解对象包括一般性制造业、区域性物流基地和区域性批发市场、部分教育医疗机构、部分行政性事业性服务机构。在一般性制造业领域，2016 年，北京市上半年关停一般制造业和污染企业 174 家，大兴 41家企业落户河北廊坊并清退 3000 家"散乱污"企业，北汽福田宣化泵车项目搬迁就位，16 项技术集体转移河北定州。在区域性物流基地和区域性批发市场领域，自 2015 年，北京市动物园地区的天皓成市场腾退，"时尚天丽"、长征物流、信德时代市场疏解，天和白马二期主动转型，到 2016 年年底，"动批"（动物园地区的区域性专业市场的俗称）区域将彻底告别传统的服装批发业态，疏解从业人员 3 万人，减少流动人口 5 万至 10 万人。在部分教育医疗机构领域，3 所大学6600 余名学生乔迁顺义、大兴、良乡校区，北京景山学校唐山分校于 2016 年 9 月开学，通州区三级医院在五年内将增至六家以上。在部分行政性事业性服务机构领域，北京市行政副中心土地拆迁腾退工作已经完成，城南三大长途客运站2016 年内腾退，城六区人口 2016 年由升转降。

在重点领域上，产业转型升级、交通基础设施整合、生态环境保护是京津冀协同发展中需要率先取得突破的领域。

在交通领域，大交通一体化正在大力推进。截至 2016年，《京津冀协同发展交通一体化规划》已编制完成、将于近期印发。此外，《京津冀协同发展规划纲要交通一体化实施方案》《京津冀交通一体化 2015—2017 重点任务台账》《京津冀交通一体化 2015 年重点工作》都已经过审议。京张、大张铁路全线开工，京滨城际铁路已经核准，京唐城际铁路方案初步确定，京台、京秦、首都地区环线高速等一批"断头路"和

"瓶颈路"正在打通或扩容。北京新机场航站楼与轨道交通工程建设进展顺利。北戴河机场投入运营。天津航空在京津冀地区建成多座城市候机楼,推出空铁联运、陆空联运等多项服务。天津港大港港区、唐山港京唐港区深水航道项目前期工作积极推进。天津市与河北省联合成立的津冀渤海港口投资公司启动运营,正在谋求形成错位发展、优势互补的格局。津冀渤海港口投资公司在北京、河北设立了10个无水港。京津冀通关通检一体化水平不断提升。在天津口岸进出口总额中,来自北京与河北的货物比重达到32.7%。京津冀交通一卡通使用范围已覆盖区域内9个城市,累计发行互通卡3万多张。

环保领域里,生态环境保护持续加强。《京津冀协同发展生态环境保护规划》发布,京津冀及周边地区大气污染和水污染防治协作机制进一步完善,在信息共享、环评会商、联防联治等方面积极发挥作用。环保部启动了京津冀地级及以上城市统一重污染天气预警分级标准的试点,力争真正做到使京津冀地区对雾霾的多管齐下联动治理真正落到实处。海河流域、滦河流域综合整治及衡水湖、官厅水库生态保护和修复力度持续加大。太行山绿化、"三北"防护林、沿海防护林等重点生态工程和平原造林加快推进,京津冀三省市上半年分别完成造林12.5万亩、55.4万亩和237.3万亩。2022年北京冬奥会绿化工程也正在加快实施。

产业领域,积极推动产业升级转移。北京现代汽车沧州第四工厂已开展设备安装调试,36家北京生物医药企业落户沧州生物医药园。津冀循环经济产业示范区、张北云计算产业基地、首钢京唐二期等一批产业合作园区和重大项目取得积极进展。京津冀地区资源能源保障能力不断加强,南水北调中线一期工程实现向京津冀供水。陕京天然气四线项目开工建设,蒙西至京津冀煤制气管道建设项目前期工作推进加快。

六、京津冀协同发展的未来

2014 年底的中央经济工作会议指出我国经济正在向形态更高级、分工更复杂、结构更合理的阶段演化,经济发展进入新常态。在新常态下的京津冀协同发展要优化空间发展格局,通过改革创新打破地区封锁和利益藩篱,全面提高资源配置效率,推进城镇健康发展,加快规划体制改革,健全空间规划体系,坚持不懈地推进节能减排和保护生态环境。

北京以转型为主要任务,将利用现有优势,继续建设政治、文化、国际交往、科技创新四大中心。北京要围绕基础设施建设、生态环境治理与保护、公共服务共建共享等研究提出具体任务和路径,突出对人口规模的控制,放弃大而全的经济体系,转而构建适合首都定位的高精尖经济结构。降低首都功能核心区、生态涵养发展区经济增长指标的考核权重,引导区县按功能区的特色化发展。

天津转型与发展并重,将对接"中国制造 2025",以信息通信技术与制造业深入融合为切入点,以全面深化改革为动力,以加快转型升级为主要任务,以主要行业重大装备生产的自主和可控为突破口,打造工业转型与发展的升级版,推进产业结构向中高端迈进,建设好全国先进的制造与研发基地、北方国际航运核心区和金融创新运营示范区,真正成为改革开放先行区。

河北以跳跃式发展为第一要务,将建设雄安新区,调整优化京津冀城市布局和空间结构,培育创新驱动发展新引擎;将建设全国现代商贸物流重要基地、产业转型升级试验区、新型城镇化与城乡统筹示范区和京津冀生态环境支撑区。

到2030年,首都核心功能将更加优化,京津冀区域一体化格局基本形成,京津冀将成为引领和带动北方经济崛起和支撑全国经济发展的重要增长点,成为具有国际竞争力和影响力的重要区域。

七、建设雄安新区

2017年4月1日,新华社受权发布,中共中央、国务院印发通知,决定设立河北雄安新区。这是以习近平同志为核心的党中央作出的一项重大的历史性战略选择,是继深圳经济特区和上海浦东新区之后又一具有全国意义的新区,是千年大计、国家大事。

1. 雄安新区规划建设内容

雄安新区规划范围涉及河北省雄县、容城、安新3县及周边部分区域,规划建设以特定区域为起步区先行开发,起步区面积约100平方公里,中期发展区面积约200平方公里,远期控制区面积约2000平方公里。(参见图3-3)

中共中央总书记、国家主席、中央军委主席习近平指出,规划建设雄安新区要突出七个方面的重点任务:一是建设绿

雄安新区是继深圳经济特区和上海浦东新区之后又一具有全国意义的新区

北京市

天津市

保定

地处：
北京
天津
保定腹地

规划范围：涉及河北省3县
及周边部分区域
● 雄县
● 容城
● 安新

起步区面积约100平方公里

远期控制区面积约 **2000** 平方公里

中期发展区面积约 **200** 平方公里

图 3-3　雄安新区规划建设示意图

色智慧新城,建成国际一流、绿色、现代、智慧城市。二是打造优美生态环境,构建蓝绿交织、清新明亮、水城共融的生态城市。三是发展高端高新产业,积极吸纳和集聚创新要素资源,培育新动能。四是提供优质公共服务,建设优质公共设施,创建城市管理新样板。五是构建快捷高效交通网,打造绿色交通体系。六是推进体制机制改革,发挥市场在资源配置中的决定性作用和更好发挥政府作用,激发市场活力。七是扩大全方位对外开放,打造扩大开放新高地和对外合作新平台。

2. 雄安新区对疏解北京非首都功能的作用

北京市人口已经达到 2100 多万,接近 2020 年 2300 万的人口调控目标,由此带来交通拥堵、房价高涨、资源超负荷等大城市病,其深层次原因是承载了过多的非首都功能。习近平总书记多次强调,疏解北京非首都功能是推进京津冀协同发展的关键环节和重中之重。有关部门先后出台了 12 个京津冀协同发展的专项规划,加快推进交通、生态、产业三个重点领域率先突破,强化创新驱动和体制改革,促进基本公共服务共建共享,三个省市也出台了相应的推动京津冀协同发展的规划和实施方案。

除了上述措施,解决大城市病难题,将北京的非首都功能有力、有序、有效地疏解出去,更需要一个集中承载地。客观上,规划建设这个集中承载地既要依托北京、天津、石家庄等现有大城市的资源,又要交通便利,地理条件适中。

综合来看,雄安新区规划范围涉及的河北省雄县、容城、安新 3 县及周边部分区域区位优势明显、交通便捷通畅,现有多条高速公路、铁路,可比较快地基本形成与北京、天津、石家庄半小时的通勤圈;生态环境优良、资源环境承载力较强,拥有华北平原最大的淡水湖白洋淀等;水资源比较丰富,可满足区域生态用水需求;现有开发程度较低,发展空间比较充裕,具备高起点高标准开发建设的基本条件。因此,这个区域是北京非首都功能疏解集中承载地的最佳选址。

由此可见,规划建设雄安新区是疏解北京非首都功能一个非常重要的组成部分。

3. 建设雄安新区的意义和前景

设立雄安新区,是以习近平同志为核心的党中央深入推进京津冀协同发展作出的一项重大决策部署,对于集中疏解北京非首都功能,探索人口经济密集地区优化开发新模式,调整优化京津冀城市布局和空间结构,培育创新驱动发展新引擎,具有重大现实意义和深远历史意义。

一是重点打造北京非首都功能疏解集中承载地,可以有效缓解北京大城市病,与北京城市副中心形成北京新的两翼。

二是有利于加快补齐区域发展短板,提升河北经济社会发展质量和水平,培育形成新的区域增长极,也可与以2022年北京冬奥会为契机推进张北地区建设共同形成河北新的两翼。

三是有利于调整优化京津冀城市布局和空间结构,拓展区域发展新空间,探索人口经济密集地区优化开发新模式,打造全国创新驱动发展新引擎,加快构建京津冀世界级城市群。

未来,雄安新区的建设将从以下几个方面着手:

一是先谋后动,加快进行规划编制工作。坚持世界眼光、国际标准、中国特色、高点定位,集聚全国优秀人才,吸纳国际人才,充分借鉴国际经验,高标准高质量组织编制雄安新区总体规划、起步区控制性规划、启动区控制性详细规划及白洋淀生态环境治理和保护规划,确保一张蓝图干到底。

二是把创新驱动作为新区发展的根本动力,集聚创新要素。从创新载体、运行机制、发展环境等方面营造良好创新氛围,吸引高端创新人才和团队,努力打造创新高地和科技新城。

三是深化体制机制改革。探索新区管理新模式,深化行政管理体制改革;探索新区投融资体制改革,建立长期稳定的资金投入机制,吸引社会资本参与新区建设。

四是根据新区建设需要,研究提出相关具体支持政策。同时,在专项规划实施、重大项目布局和资金安排上,对新区相关交通、生态、水利、能源、公共服务等重大项目给予支持。

雄安新区的设立不仅为京津冀协同发展描绘了新蓝图,也意味着中国的全方位对外开放向纵深发展,更是具有历史意义的战略选择。无需多久,燕赵大地上将崛起一片富有朝气、充满希望的国家级新区!

第二章 河海交汇的宝地——山东

第一节 实力强劲的沿海经济大省

山东省地处华东沿海、黄河下游和京杭大运河中北段，东临浩瀚的海洋，西接广袤的内陆，历来是河海纵横的要地。其大陆海岸线占全国海岸线的1/6，仅次于广东省，居全国第二位，海洋经济潜力巨大。截至2013年12月，山东省全省常住人口9733.39万人，是人口第二大省，劳动力资源丰富。

山东自然风光秀丽，文物古迹遍布而多彩，蕴藏的各类资源众多。其省内有"世界自然与文化遗产"、"五岳之尊"泰山以及孔子故里曲阜等等。山东省近海海域占渤海和黄海总面积的37％，滩涂面积占全国的15％，海洋渔业和海洋石油资源丰富。山东还是全国四大海盐产地之一，得天独厚的地下卤水资源使山东盐业和盐化工业拥有广阔的发展空间和巨大的潜力。据2010年底全国保有资源总量统计，山东列全国第1位的矿产资源有金、铪、自然硫、石膏等11种；列全国第2位的有菱镁矿、金刚石等10种；列第3位的有石油、钴、锆等10种。

山东省交通便利而且路网发达。2014年山东全省的公

路里程 25.95 万公里,位居全国第二;等级公路的里程 25.84
万公里,位居全国首位;货运量 264459 万吨,位居全国第三。
在 2015 年,其铁路、公路、水路共完成旅客运量 7.1 亿人次,
货运量 27.3 亿吨。其沿海港口货物吞吐量 13.4 亿吨,比上
年增长 4.4%;年末高速公路通车里程 5348 公里,增加 240
公里。

第二节　黄河流域经济的临海龙头

一、由大到强的多面发展

　　山东省内渔农并举,工业发达,综合竞争力强大。2015
年,山东全省实现生产总值 63002.3 亿元,按可比价格计算,
比上年增长 8.0%;人均生产总值 64168 元,增长 7.3%,按
年均汇率折算为 10305 美元。

　　山东省土地资源较为丰富。全省未利用土地面积 165.2
万公顷,占土地总面积的 10.5%。可作为耕地后备资源的荒
草地和盐碱地主要分布在鲁中南山地区和鲁北滨海平原区。
然而,相对于山东省的人口与经济发展需求而言,其土地后
备资源数量偏少。

　　山东省劳动力资源丰富且质量较高。根据第六次全国
人口普查数据资料显示,山东是全国第二人口大省。2015
年,新增院士 2 人,泰山产业领军人才 175 人,国家百千万人
才工程人选 26 人,国务院政府特殊津贴专家 121 人,"外专
千人计划"专家 6 人,省有突出贡献的中青年专家 99 人,省
首席技师 100 人,高技能人才 24 万人。

　　山东的产业发展正处于由大变强的弯道时期。2015年,山东省第一产业增加值4979.1亿元,增长4.1%;第二产业增加值29485.9亿元,增长7.4%;第三产业增加值28537.4亿元,增长9.6%。为落实习近平同志对山东提出的"凤凰涅槃、腾笼换鸟"等产业结构优化的要求,山东省相继出台了家居产业、船舶工业、新材料产业、工程机械行业、家电产业、平板玻璃产业、煤化工产业、建筑卫生陶瓷产业、农机工业、水泥产业和汽车工业转型升级的实施方案。2015年,山东三次产业比例由上年的8.1∶48.4∶43.5调整为7.9∶46.8∶45.3。山东经济历来被称为"大象经济",大中型企业地位强势。相比之下,山东省民营经济发展空间不大,在新一轮经济优化调整中,为民营经济创造发展空间将是山东省的重点之一。

　　近年来,山东省资本市场发展加快。2015年,其新增境内上市公司8家,融资额21.8亿元;上市公司再融资48家次,融资额501.9亿元;新增"新三板"挂牌企业239家,融资额62.0亿元。山东境内上市公司数量位居全国前十,但上市公司多出自传统行业,缺少文化、金融等行业的上市公司。山东省企业上市意愿不高,导致整体上市进展缓慢,与经济大省地位不匹配。

　　山东省科技发达,创新能力较强。2014年,山东省规模以上工业企业研发项目数位居全国第四,而其研发经费位居全国第三,国内发明专利申请授权量位居全国第六。2015年,山东省共有国家级工程技术研究中心36个,省级示范工程技术研究中心266家,国家级科技企业孵化器55个,院士工作站 306 个,国家火炬计划特色产业基地 60 家。全省高新技术产业产值增长 10.5%,占规模以上工业总产值的比重为 32.5%,比上年提高 1.1 个百分点。其企业牵头实施的省自主创新专项占比达到九成以上,有多个项目获得国家科学技术奖励。值得注意的是,在大企业研发投入逐年加大的同时,山东省科技型中小企业数量偏少,在一定程度上制约了"大众创业、万众创新"的活力。

二、蓝色经济战略升华的新发端

山东半岛蓝色经济区是我国首个以临港、涉海、海洋产业发达为特征的蓝色经济战略区域,《山东半岛蓝色经济区发展规划》也是我国第一个以海洋经济为主题的区域发展战略。山东半岛蓝色经济区的设立标志着我国区域发展从陆域经济延伸到海洋经济,是我国海洋发展战略和区域协调发展战略的重要组成部分,显示了我国对发展海洋经济的认知有了质的飞跃。

山东半岛蓝色经济区包括山东全部海域和青岛、东营、烟台、潍坊、威海、日照 6 市及滨州市的无棣、沾化 2 个沿海县所属陆域,海域面积 15.95 万平方公里,陆域面积 6.4 万平方公里;山东省其他地区作为规划联动区。在 2015 年,半岛蓝色经济区实现生产总值 29447.3 亿元,增长 8%。

按照规划,山东省正在提升胶东半岛高端海洋产业集聚区的核心地位。黄河三角洲高效生态海洋产业集聚区和鲁南临港产业集聚区两个增长极日趋壮大;优化海岸与海洋开发保护格局,构筑海岸、近海和远海三条开发保护带;优化沿海城镇布局,培育青岛—潍坊—日照、烟台—威海、东营—滨州三个城镇群团,形成"一核、两极、三带、三群团"的总体开发框架。山东半岛蓝色经济区正在建设具有较强国际竞争力的现代海洋产业集聚区、具有世界先进水平的海洋科技教育核心区和国家海洋经济改革开放先行区以及全国重要的海洋生态文明示范区。

三、资源富集的黄河三角洲

2009 年国务院通过了《黄河三角洲高效生态经济区发展规划》,标志着我国最后一个三角洲的发展正式上升为国家战略。根据《规划》,黄河三角洲经济区主要包括山东省的东营市、滨州市全部以及潍坊市、德州市、淄博市和烟台市部分地区,共 19 个县(市、区),约占山东全省面积的六分之一。

"黄三角"土地资源优势突出,地理区位条件优越,自然资源较为丰富,产业发展基础较好。目前,该区内拥有未利用地近 800 万亩,人均未利用地 0.81 亩,比我国东部沿海地区平均水平高近 45%。未利用地集中连片分布,其中盐碱地 270 万亩,荒草地 148 万亩,滩涂 212 万亩,另有浅海面积近 1500 万亩,黄河冲积年均造地 1.5 万亩,随着沿海风暴潮防护体系的建设和完善,土地后备资源还将逐步增加,具有吸引要素集聚和发展高效生态经济的独特优势。该地区位于京津冀都市圈与山东半岛的结合部,与天津滨海新区最近距离仅 80 公里,和辽宁沿海经济带隔海相望,是环渤海地区的重要组成部分,向西可连接广阔中西部腹地,向南可通达长江三角洲北翼,向东出海与东北亚各国邻近,具有深化国际国内区域合作、加快开放开发的有利条件。

按照规划,黄河三角洲高效生态经济区将建成全国重要的高效生态经济示范区、全国重要的特色产业基地、全国重要的后备土地资源开发区和环渤海地区重要的增长地带。

第三节 山东对外经济合作

2015年3月,国务院授权,三部委联合发布了《推动共建丝绸之路经济带和21世纪海上丝绸之路的愿景与行动》,青岛、烟台作为重要港口城市被纳入"一带一路"规划,山东的区域经济合作驶入了新的升华弯道。

一、参与区域经济合作的机会和优势

山东是制造业大省和信息化大省,在以"中国制造2025"、"互联网+"为基础的新一轮区域合作中,山东凭借其多角度优势又面临新的历史机遇。

2015年3月,李克强总理提出了以跨界融合、创新驱动为特征的"互联网+"行动计划。山东是信息化大省,互联网以开放、融合的态势渗透到山东经济社会各个领域;2014年,山东省共有各类网站15.8万余家,占全国网站总数的4.7%;全省网民规模达4634万人,移动互联网用户达到5569.2万户,均居全国第二位。2014年,全省被列入统计内的软件企业超过三千家,从业人员31万人;软件业的业务收入首次迈上三千亿元台阶,达到3088亿元,占全省信息技术

产业的 1/4 以上，产业规模列全国第 4 位(济南、青岛两市就占了全省的 90％)。因此，"互联网＋"行动计划给信息化基础较强的山东带来了新的机遇，软件产业已经成为山东重要的战略性新兴产业。

2015 年 5 月，国务院印发了以促进制造业创新发展为主题、以提质增效为中心、以加快新一代信息技术与制造业深度融合为主线、以推进智能制造为主攻方向的《中国制造2025》。山东是制造业大省——制造业规模大、利润高，上百种产品的产量位居全国前列；制造业效益好，盈利能力强，产销衔接好。山东省制造业占全省规模以上工业的比重持续增加，并且拥有大批重点企业和知名品牌。因此，以促进产业转型升级、实现制造业由大变强的"中国制造2025"是制造业大省延续辉煌的最佳机会。提升传统制造产业，培育新兴制造产业，发展创新驱动能力，是山东省制造业的发展方向。

"一带一路"战略是以政策沟通、设施联通、贸易畅通、资金融通、民心相通为合作重点的区域合作倡议。青岛、烟台作为沿海港口城市，是"一带一路"的重要节点，尤其是青岛市有机会建设成为新欧亚大陆桥经济走廊主要节点和海上合作战略支点的"双点"城市。

专栏

日本对制造业重点区域的支持

日本政府对制造业重点区域有政策支持。在日本《制造业白皮书2014》中提到了两类受到"区域创新战略支持计划"支持的区域。第一类：着重加强国际合作

> 的区域。此类区域是拥有国际领先技术萌芽或成果的高校地区,或对海外人才、货物、资金具有吸引力的工业聚集地区。如:北海道大学研发商务园区、福冈下一代社会系统创造中心。第二类:着重提升研发能力/产业聚集的区域。此类区域能够利用区域优势和自身特点实现创新并且未来可在海外市场获得成功。如:福岛可再生能源利用创新战略提升区域。

二、参与区域经济合作的方向

山东既恰逢几大国家战略和自身优势叠加的机遇,又面临薄弱环节和外部竞争。目前,山东正按照《全国主体功能规划》《山东半岛蓝色经济区发展规划》和《黄河三角洲高效生态经济区发展规划》的要求,努力拓建全国重要的先进制造业、高新技术产业基地和全国重要的蓝色经济区。其具体工作是:(1)强化青岛航运中心功能,积极发展海洋经济、旅游经济、港口经济和高新技术产业,增强辐射带动能力和国际化程度,建设区域性经济中心和国际化城市。(2)提升胶东半岛沿海发展带整体水平,加强烟台、威海等城市的产业配套能力及其功能互补,与青岛共同建设自主创新能力强的高新技术产业带。(3)建设黄河三角洲全国重要的高效生态经济示范区,积极发展生态农业、环境友好型工业、高新技术产业和现代服务业,建设全国重要的循环经济示范区,增强东营、滨州等城市的综合实力和辐射能力。(4)发展外向型农业,发展渔业及其加工业,完善现代农业产业体系。

第三章　东北发展的龙头——辽中南地区

第一节　重工业发达的环渤海北翼

辽中南地区位于环渤海地区的北翼,南邻黄海、渤海,包括辽宁省中部和南部的部分地区,陆上遥望俄罗斯东南部,海上与韩国、日本一衣带水,是东北地区对外开放的重要门户和陆海交通走廊。辽中南地区以沈阳、大连为核心,包括沈阳、大连、鞍山、本溪、丹东、辽阳、营口、盘锦、抚顺、铁岭等十个城市,辐射阜新、锦州、葫芦岛市。辽中南地区占辽宁省面积的 65.8%。根据第六次全国人口普查的数据显示,辽中南城市群的总人口 3313.23 万人,其中城镇人口 2247.44 万人,城镇化率达到 67.83%。重工业发达和城镇化基础较好是辽中南地区的两大特征。

辽中南地区气候温和,土壤肥沃,风景秀丽。其中部平原区分布着全省主要耕地,区内有沈阳故宫博物院、大连金石滩国家旅游度假区和丹东宽甸天桥沟国家森林公园等人文自然景观。与辽宁省其他地区类似,辽中南地区水资源偏少且年降雨量分布不均,区域发展与水资源现状极不匹配。该地区动物资源、矿产资源丰富。不过,多年重工业为主的发展造成辽中南部分城市的资源日益枯竭和生态环境破坏严重,面临资源型城市转型的重任。

辽中南地区交通发达,铁路密度居全国首位。沈阳是重要的铁路枢纽,京哈、沈丹、哈大铁路贯穿辽中南地区。辽中南地区公路网发达,京哈、沈通、沈吉、丹阜、沈康、丹大等高速公路共同组成了立体交通网。辽中南地区海运发达,大连是东北亚地区重要的国际航运中心、东北地区最大的港口城市和对外贸易口岸。此外,该地区还有丹东港、营口港等大中小结合、功能各异的港口群以及沈阳桃仙国际机场、大连周水子国际机场、丹东浪头机场、鞍山机场等 4 个民用航空机场。辽中南地区正借助"一带一路"建设契机,打造"辽满欧"、"辽蒙欧"等综合交通运输大通道,其区域交通优势从区内延伸到国际的广阔领域。

第二节　青春焕发的东北经济引擎

一、强弱鲜明的区域经济

辽中南地区城镇化率高,呈大中小城市合理分布的城市体系,有利于发挥大城市的辐射带动作用和小城镇的灵活优势。在辽中南地区,拥有沈阳、大连 2 个副省级城市,鞍山、抚顺等 8 个地级市,涵盖大石桥市等 12 个县级市和岫岩县等 17 个县以及近二百个乡。其小城镇数量多且所占的比例大,城市体系较为均衡,是理想的金字塔结构。近年来,辽中南城市群全社会固定资产投资额约占辽宁全省的九成。

　　辽中南地区教育发展并不均衡,人才向重点城市集聚。辽宁省 115 所普通高等学校中的 111 所分布在辽中南城市群中,有 76 所分布在沈阳、大连两市。沈阳、大连每十万人口的高校在校生分别为约七千人和约六千人,接近经济发达省份;而营口、盘锦、铁岭每十万人口的高校在校生人数仅为千人以下。根据历年人口统计资料,2000—2010 年,大连、营口等沿海城市和沈阳、本溪等区域中心城市的人口数在全省总人口中所占的比重不断提高,而鞍山、抚顺等资源枯竭型城市人口数占比则出现下降,人才向区域中心和沿海地区集聚趋势明显。

　　辽中南地区的工业化进程已近七十年,形成了以钢铁、机械、石油、化工和煤炭等重工业为主导的产业体系,区内各城市第二产业产值普遍较高。以 2011 年为例,辽中南城市群工业总产值占全省的比例高达 98.3%。自国家实施东北地区等老工业基地振兴战略以来,辽中南城市群产业组织方式有了明显改善,但产业结构仍然面临“三多三少”局面:“传统产业多,新型产业少;资源依赖性产业多,高科技产业少;第一、第二产业比重太大,第三产业比重太少”。并且,该地区高新技术产业总体比重偏低和规模偏小,经济发展后劲不足;资源型城市转型取得了初步成效,但大部分城市还没有培育出可以支撑地方经济发展的接续性产业。

　　从资本市场看,以辽中南城市群为核心的辽宁省资本市场取得了长足发展,初步建成了多层次资本市场。2015 年,辽宁省全省境内上市公司 76 家,年内累计实现境内融资218.3 亿元。其中,首次公开发行融资 18 亿元,A 股再融资

（包括配股、公开增发、非公开增发、认股权证）200.3 亿元。年末有证券公司 3 家，证券分公司 22 家，证券营业部 302 家；期货经纪公司 5 家，期货经纪公司营业部 92 家。2013 年和 2014 年，辽宁股权交易中心与金融资产交易中心相继上线运行。至此，以辽中南城市群为核心的辽宁省初步建成了由主板、中小板、创业板、新三板和区域股权市场构成的多层次资本市场体系，为老工业基地转型升级提供了强有力的资本保障。

辽中南地区科技较发达，大中型企业创新能力较强。以辽中南城市群为核心的辽宁省全年研究与试验发展经费支出 459.1 亿元，占地区生产总值的 1.6％。2014 年，辽宁省规模以上工业企业研发经费位居全国第八，国内发明专利申请授权量位居全国第十六位，技术市场成交额位居全国第九。同时，结合辽中南地区重工业发达的实际，辽宁省还推行了旨在促进重大技术装备国产化、提升我国装备制造业自主创新能力以及开发国际级高端装备产品的科技创新重大专项项目。到 2015 年上半年，自辽宁重大专项实施三年间，已启动 42 个重大项目，预算研发资金总投入 42.38 亿元，其中财政专项资金支持 6 亿元，企业自筹 36.38 亿元。其间，该地区累计攻克重大核心关键技术 54 项，开发出重大装备产品（样机）18 个和重大装备关键部件 12 个，共申请发明专利 114 项，获得计算机软件著作权 15 项，形成行业、企业标准 20 项，发表论文 108 篇，共组建研发团队 36 个，累计引进培养科技创新人才 600 余人，并购海外研发中心 3 个。

专栏

先进制造业、高端制造业与现代制造业

先进制造业是指：(1)依赖于信息、自动化、计算、软件、传感、网络技术的使用或整合的活动；(2)对通过物理、生物科学创造出的尖端材料和新兴性能加以利用的活动。上述活动既涵盖使用新方式制造已有产品的活动，更涵盖使用先进新技术制造新产品的活动。先进制造业的内涵包括了先进的制造技术、先进的制造模式、先进的生产组织方式和先进的制造与服务融合方式。先进制造业的外延包括(不限于)：(1)先进的传感、控制系统及制造平台；(2)可视化、信息学和数字制造技术；(3)先进材料制造。

先进制造业具有四个重要特点：(1)具有强大的产业或市场拉动能力；(2)多个行业间有交叉影响；(3)对国家安全和国家竞争力极其重要；(4)对国家实力和竞争力具有杠杆效应。

先进制造业的作用有：(1)提供高质量高薪酬的就业岗位；(2)有助于增强国家创新能力；(3)先进制造业的发展程度体现了重要的国家安全能力。

与先进制造业相近的概念有"现代制造业"和"高端制造业"。三者均强调知识、技术的重要作用以及对其的利用，但又存在明显区别。

现代制造业是从现有行业中划分出的行业群体的统称，是经济发展到一定阶段而提出的概念。相对于传

统制造业,现代制造业是强调采用高新技术生产出高附加值产品的制造行业。结合《国民经济行业分类》(GB/T4754—2002),北京市统计局 2005 年明确将现代制造业分为电子信息产业、机电产业、交通运输设备产业、医药产业以及其他产业,包含 15 个行业大类,45个行业中类,95 个行业小类。相对于先进制造业,现代制造业的概念提出得更早,其内涵更窄,更强调对先进技术的应用和对高附加值产品的获得。

高端制造业的概念并不统一,相当于现代制造业,是制造业中具有高技术含量、高附加值产品和高竞争力的行业总称。从生产组织方式角度讲,高端制造业是指处于产业链高端环节的行业,此类行业往往(不一定)属于先进制造业。因此,高端制造业与先进制造业在概念上存在交叉。

二、东北经济的内核——沈阳经济区

沈阳经济区雏形起步于"一五"期间,然而受资源枯竭和产业结构单一的影响,区内城市之间的合作进程一直较慢。随着国家振兴东北老工业基地战略启动,沈阳、鞍山等七城市签订辽宁中部城市群合作协议,拉开了以沈阳为中心的区域经济共同体建设序幕。2006 年,"沈抚同城"加速了区域一体化进程,2008 年"辽宁中部城市群"更名为沈阳经济区,2010 年,沈阳经济区成为继上海浦东、天津滨海新区等七个地区后国务院批准设立的第八个国家综合配套改革试验区。

沈阳经济区包括沈阳、鞍山、抚顺、本溪、营口、阜新、辽阳、铁岭八座城市,区域面积占全省 50.8%;常住人口占全省55.6%;经济总量占全省 63%,占东北地区 30% 以上;城市化率约为 65%。

截至 2015 年,沈阳经济区已经建立了省、市、新城镇、产业园区上下统一的组织管理体系,规划建设了 42 个新城新市镇和 63 个产业园区,确定了 19 个改革示范区或试验区。目前,沈阳经济区一体化进程正在加快,沈抚新城已经初具规模,铁岭、本溪、抚顺等地注册登记的企业可用“沈阳”冠名,城市间医疗、就业、教育等方面的一体化合作也日趋紧密。沈阳经济区在城乡一体化发展、“知识产权私有化”等方面的“先行先试”正在紧锣密鼓地进行。

在高速发展的同时,沈阳经济区也面临各方面的考验。在创新方面,沈阳经济区的重要产业——装备制造业技术创新能力有待提高,研发经费支出与装备制造业同样发达的江苏省相比仍有差距,专利申请数量在全国的占比也较低。在产业方面,经济区内各城市均以第二产业为主导,产业重复布局严重,钢铁等优势产业分散于区内各市,难以形成行业领先的产业集群。在生态环境方面,虽区内总体的环境质量向好,但长期以重化工业为主导的产业结构、粗放的经济增长方式等难以根本扭转,资源耗竭、生态环境恶化仍然是亟待解决的问题。在城市发展方面,沈阳经济区的城镇化率较高,但多年粗放型发展方式造成城市基础设施落后以及功能不健全,致使部分城市发展后劲不足。在核心城市方面,沈阳市产业结构仍有待调整,第三产业规模发展较小,制约了其经济实力的提高和对区内城市的辐射带动能力。

沈阳经济区正按照《沈阳经济区新型工业化综合配套改革试验总体方案》《辽宁省主体功能区划》的基本要求,结合《国务院关于近期支持东北振兴若干重大政策举措的意见》,继续调整城市产业机构,优化区域产业布局,提高自主创新能力,提高核心城市竞争力,加快推进周边城市的同城化、一体化发展,形成由沈阳经济区,沈阳国家中心城市,沈铁、沈抚、沈本、沈辽鞍营和沈阜五条城际连接带组成的"一极一核五带"的总体布局。

三、沿海的重要增长极——辽宁沿海经济带

辽宁沿海经济带位于我国东北地区,毗邻渤海、黄海,包括大连、丹东、锦州、营口、盘锦和葫芦岛 6 个沿海城市所辖的行政区域,土地面积占全省的 1/4,人口占 1/3,地区生产总值占近 1/2。辽宁沿海经济带曾是我国唯一没有整体开发的沿海区域,地势优越,基础设施较完善,区域内有大连港、营口港两个吞吐量超亿吨大港,交通便利,海运发达,已形成了东北地区最发达、最密集的综合运输体系。

与辽宁省其他地区相比,沿海经济带的科研力量雄厚,具备发展高新技术产业的基础条件。目前,沿海六市受第二产业影响较大,但已经基本形成三次产业相互促进的产业结构,成为东北地区的经济发展龙头。大连软件业、房地产业等多个服务产业发展水平高于全国平均水平,盘锦的租赁与商务服务业表现出较大增长潜力。

辽宁沿海经济带面临的问题与辽宁省其他地区类似,区

内部分城市第二产业比重仍较大、城市间产业发展定位相似并且竞争大于合作。六个城市之间城镇化进程差异较大,大连一枝独秀,营口发展迅速,但中心城市带动作用有限,其他四个城市发展速度较慢,沿海经济带城市的辐射作用尚不明显。

辽宁沿海经济带正在发挥着东北地区出海通道和对外开放门户的作用,不断地整合沿海港口资源,继续提高航运、物流等服务能力和水平,积极培育支柱产业,加快产业整合和促进三次产业协同发展。

四、双星同辉——沈阳经济区与辽宁沿海经济带的协同发展

沈阳经济区与辽宁沿海经济带在战略上分属腹地和沿海,两个区域比较优势不同,产业特色各异,二者协同发展有助于辽宁全省利用优势互补实现产业结构整体优化升级。

在这两个区域内部,沈阳经济区内部发展较均衡,已形成了相对闭合的一体化经济区,应注意腹地与沿海城市的多方位交流;作为沿海经济带内部城市间梯度较大,应注意区域内的错位发展。

在区域之间,腹地可利用沿海临港优势向海外发展,沿海地区可利用腹地的雄厚配套能力拓展服务功能,从而将沈阳经济区雄厚的工业基础和沿海经济带的区位优势结合起来,构建上下游产业关系,最终形成沿海与腹地互为支撑的发展格局。

第三节 "一带一路"枢纽——辽中南地区的对外经济合作

2015 年 3 月发布的《推动共建丝绸之路经济带和 21 世纪海上丝绸之路的愿景与行动》明确提出,要在东北建立向北开放的重要窗口,通过陆海联运来建设欧亚高速运输走廊,而辽宁省是东北三省唯一沿海省份。

辽中南地区融入"一带一路"具有区位优势。辽宁沿海经济带是中蒙俄经济走廊与海连接的重要节点,也是东北亚区域开放合作的战略高地。目前,辽宁省在积极推进"辽满欧"、"辽蒙欧"等综合交通运输大通道和北极东北航道建设。大连金普新区是我国面向东北亚区域开放合作的战略高地。以大连港等为海上起点,还可建设过南海、经印尼、辐射南太平洋区域和经白令海峡到欧洲北极东北航道的海上大通道。辽宁省还是中朝合作的主要渠道。

辽中南地区融入"一带一路"的着力点在于产业对接。辽中南地区有完整的工业体系、较为发达的原材料工业和良好的对外经贸合作基础,可与"一带一路"沿线多国实现产业互补。如,在俄罗斯远东地区和蒙古国,辽中南地区的机床、盾构机、铁轨设备等众多装备制造业产品可以参与其基础设施开发项目和能源类合作项目;在能源、矿产资源丰富的中亚和中东欧,可以利用辽中南的产业优势,转移优势产能产业,加强在制造业、建材领域的投资合作;在东盟及南亚地区,可以通过海上丝绸之路,在海工装备制造产业上合作;在非洲及拉美地区,辽中南地区的电力、冶金、装备制造等优势企业面临机遇。在欧美、日韩等高端市场,辽中南地区企业可以推动在高端装备制造业等领域实现合作、互惠。

辽宁省政府也在积极协助企业融入"一带一路"建设。2015年,辽宁省发布了《关于贯彻落实"一带一路"战略推动企业"走出去"的指导意见》,辽中南地区将通过建设境外经贸合作区、并购境外科技企业、搭建境外资源基地和营销网络以及培育跨国企业集团,推动企业在俄罗斯远东地区和蒙古、中亚、中东欧地区、东盟及南亚地区、非洲及拉美地区,以及欧美和日韩等"一带一路"沿线地区开展经贸合作。

目前,包括辽中南地区在内的辽宁省融入"一带一路"建设已经进入实质阶段。以俄蒙和中东欧为重点工作方向,辽宁省正在沿"一带"方向推进俄罗斯巴什科尔托斯坦石化工业园、中俄尼古拉商贸物流保税园区、哈萨克斯坦远大建材产业园、蒙古霍特工业园、塞尔维亚汽车产业园、辽宁罗马尼亚麦道工业园6个境外工业园区建设,沿"一路"方向重点推进印尼辽宁镍铁工业园、印度特变电综合产业园、纳米比亚黄海汽车组装物流园3个境外工业园区建设。

第四章　东北亚开放门户——哈长地区

第一节　接欧连亚的哈长城市群

　　哈长地区位于京哈京广通道纵轴的北端,以黑龙江哈尔滨市和吉林省长春市为核心,包括黑龙江省的哈大齐(哈尔滨、大庆、齐齐哈尔)工业走廊和牡绥(牡丹江、绥芬河部分地区)地区以及吉林省的长吉图(吉林省长春、吉林、延边、松原的部分地区)经济区,并辐射周边四平、辽源、绥化等城市。其中,哈大齐工业走廊面积逾六万平方公里,约占黑龙江省面积的七分之一,2010 年总人口占全省的三分之一,经济总量约占黑龙江省的二分之一;长吉图开发开放先导区面积和人口均占吉林省的三分之一,经济总量占二分之一。

　　哈长地区地势开阔而平坦,土地资源丰富,开发强度相对较低;水资源比较丰富,但部分城市严重缺水;大气环境与水环境质量总体较好,但松花江干流水质污染严重。冬季漫长寒冷,夏季高温多雨,部分地区容易出现洪涝灾害。

　　哈长地区接欧连亚,区位优势明显。黑龙江省绥芬河市既是我国东北地区参与国际分工的重要窗口和桥梁,也是承接我国振兴东北和俄罗斯开发远东两大战略的重要节点城市,被誉为连接东北亚和走向亚太地区的"黄金通道"。我国对俄经贸大省黑龙江的80％对俄进出口货运总量是经由绥芬河完成的。通过绥芬河,还可借助俄罗斯港口打通黑龙江省到日、韩等国的出海口,实现"借港出海"。吉林省长吉图地区地处东北亚区域地理几何中心,既沿边又沿海,是大图们江开发开放先导区和东北振兴战略两大战略叠加区域。图们江是我国内陆进入日本海最近的水上通道,珲春市最近处距日本海仅15公里,周边分布俄、朝的自由贸易区、自由经济区以及俄、朝两国的10个港口。

哈大齐地区交通较为发达。102国道、京哈高速和哈大高铁连通了哈尔滨和长春之间的大中小城市。在哈大齐地区,以哈尔滨为中心,以经过哈尔滨的绥满铁路、哈黑铁路、哈尔滨至同江铁路以及沿边铁路等4条铁路干线和俄罗斯西伯利亚大铁路、贝阿铁路互为依托,辅以公路、港口、机场、口岸,形成了联接亚欧国际货物运输大通道。在牡绥地区,牡绥高速公路已经全线通车,牡绥高速铁路正在施工建设,绥芬河支线机场建设也获得批复。在长吉图地区,长春市西部国际铁路运输通道、吉林市国内货物运输通道、珲春市东部国际海陆联运通道组成了东北亚地区三大交通枢纽,哈大高铁、吉图珲高铁、长吉城际铁路、长珲高速、长春龙嘉国际机场共同构建了立体交通网络。

第二节　地缘独特的东北经济新增长带

一、蓄势待发的区域经济

哈长地区是我国面向东北亚地区和俄罗斯对外开放的重要门户,是全国重要的能源、装备制造基地,是区域性的原材料、石化、生物、高新技术产业和农产品加工基地,是带动东北地区发展的重要增长极。

与国内其他城市群相比,哈长地区的土地总面积适中,位于松嫩平原的哈长城市群建成区面积比例仍较低,加之地势宽阔平坦,区域内有很大的发展空间。

哈长地区的人力资源总量较大,但分布不均。该地区是黑龙江、吉林两省高校主要分布区,区内人力资源又主要集中分布在吉林、长春、哈尔滨等核心城市。哈尔滨工业大学、吉林大学、东北师范大学、中科院长春光学精密机械与物理研究所等国内知名高校和研究机构为哈长城市群的发展提供了高素质人力资源。与此同时,哈长地区的人口规模一直不大,对本地人才的吸附能力和外来人才的吸引能力均不强,面临着人才外流和人口红利减少的问题,高级管理型、创新型、复合型、对外型人才紧缺。

哈长地区在产业发展上具有比较优势。哈大齐城市群以装备、石化、能源、食品、医药制造产业见长,长吉图经济区在汽车、石化产业上拥有较大优势。不过,哈长地区产业结构仍欠合理。其主要表现在以下几个方面:支柱产业发达,但上下游配套产业不成熟,难以产生集群效应;第二产业发达,但金融和旅游等第三产业所占比例较低,制约当地乃至黑吉两省的经济发展;战略性新兴产业已经起步,但光电子、新材料、生物制造、装备制造等相关产业尚需加速发展才能成为经济发展新引擎。

哈长地区资本市场尚不够发达。包括哈大齐工业走廊、长吉图经济区在内的黑龙江、吉林两省资本市场发展较慢,直接融资渠道过窄。截至 2014 年,黑龙江省共有境内上市公司 31 家,吉林省共有境内上市公司 40 家;2015 年,黑龙江共有 5 家公司首发或借壳上市,37 家公司在新三板挂牌,上市公司数量和证券市场募集资金额均远少于发达省市。与哈长地区的经济发展需要相比,金融机构的数量、规模、竞争力仍难以给哈长地区发展带来充分金融支撑。

哈长地区创新能力持续提高但总体较弱。从省区数据看,2014 年,黑龙江全年科学研究与试验发展经费支出135.0 亿元,增长 4.8%,研发经费支出相当于地区生产总值的 1%;受理专利申请 30610 件,增长 30.6%;授权专利20261 件,增长 65.6%。2015 年,吉林全省国内专利申请量14800 件,授权量 8878 件,分别比上年增长 24.0% 和32.6%。其中,发明专利申请量 6154 件,增长 17.0%;发明专利授权量 2240 件,增长 57.0%。长吉图地区还打造了长吉产业创新发展示范区,仅其示范区内的长东北科技创新中心就已引入高水平研发机构 37 个,未来该中心将努力建成东北亚科技创新高地,并为区域发展提供科技创新平台。应该看到,虽然包括哈长地区在内的黑吉两省的创新能力正在实现跨越式提高,但与创新大省(市)相比,仍有一定差距。

2014 年,黑吉两省规模以上工业企业研发经费分列全国第21、23 位,国内发明专利申请授权量分列全国第18、24 位,技术市场成交额分列全国第 13、24 位。创新能力偏弱致使哈长地区在新常态下经济发展后劲不足,导致其接欧连亚的区位优势难以充分发挥。

二、沿边先导——长吉图地区

长吉图区域内生态环境优良,资源禀赋良好,可利用水资源、能源和矿产等资源丰富。大量建设预留地可供开发利用。与图们江毗邻的境外地区富集石油、天然气、矿产、水产、森林等资源,合作开发空间较大。长吉图地区是全国重要的交通运输设备制造、石化、生物、光电子和农产品加工基地,是区域性高新技术产业基地,是我国参与图们江区域国际合作开发的先导区,是我国面向东北亚开放的重要门户和东北地区新的重要增长极。

在 1992 年,图们江区域在联合国开发计划署的倡导下开始了国际合作开发。2009 年,为了在现有基础上增强我国在图们江区域合作中的综合实力,为了提升延边地区的对外开放水平和加快延边地区经济社会发展,《中国图们江区域合作开发规划纲要——以长吉图为开发开放先导区》获批,长吉图地区开发开放进入了新的阶段。

目前,长吉图已经在开发开放、产业升级、区域融合、基础设施建设、体制机制建设方面取得了积极进展,成为带动哈长地区乃至黑吉两省东联日本海、西进外蒙古、融入"一带一路"建设的先导区域。与此同时,该地区也存在一些发展问题,主要有经济发展整体水平仍旧较低、第三产业欠发达和区域内城市差距较大以及人才流失严重等。

近期,长吉图地区将壮大支柱优势产业,依托一汽等企业的新能源汽车技术和产业优势,整体优化汽车产业布局;依托吉化等大企业的原料优势和市场份额,发展新材料领域;依托吉林省农畜资源打造绿色有机食品示范基地和交易中心。该地区将大力发展光电子等战略性新兴产业,力争在汽车电子、光电子、电力电子等重点领域核心技术取得突破。长吉图地区将通过工业化与信息化融合,促进产业集群化发展,实现转型升级。在此基础上,推动长吉图乃至吉林经济社会全面发展,并提高地区对人才、资金、技术的吸引力。

长吉图地区正在构建以长春为中心并以长春与吉林为主体、以延龙图(延吉、龙井、图们)和珲春为对外开放窗口并以交通走廊为轴线的分工明确的空间开发格局。长吉图地区正强化长春科技创新和综合服务功能,推进长吉经济一体化和延龙图一体化,并把珲春建设成为集出口加工、境外资源开发、生产服务、国际物流和跨国旅游等于一体的特殊经济功能区。

三、远东窗口——哈大齐和牡绥地区

哈大齐工业走廊位于黑龙江省南部,以哈尔滨、大庆、齐齐哈尔三市所辖行政区域为主体,沿线肇东、安达等市为节点。牡绥地区是延边开放窗口,牡丹江市是"全国对俄经贸第一市",绥芬河为"中蒙俄经济走廊"上的重点边境口岸。哈大齐和牡绥地区是全国重要的能源、石化、医药和重型装备制造基地,是区域性的农产品加工和生物产业基地,是东北地区陆路对外开放的重要门户。

作为国家重点开发区域,哈大齐和牡绥地区产业项目不断上马。仅绥芬河市,2015 年前五个月就已开工建设国家木材储备加工交易示范基地、阿里巴巴"中俄云仓"等 52 个项目。近期,哈大齐和牡绥地区将进一步优化空间布局,加大对中小城镇的支持力度,强化产业分工,注重产业协作,并通过进一步建立统一市场标准来打破行政壁垒等措施和加快了一体化发展。

哈大齐和牡绥地区正在构建以哈尔滨为中心、以大庆、齐齐哈尔为重要支撑、以牡绥地区为对外开放窗口和以主要交通走廊为主轴的空间开发格局。哈大齐工业走廊开始强化科技、服务、产业集聚的能力和核心竞争力,依各自优势重点建设哈尔滨、大庆、齐齐哈尔三城。牡绥地区将强化绥芬河综合保税区功能。

第三节 "一带一路"北向窗口——哈长地区的对外经济合作

包括哈长地区在内的黑龙江、吉林是一带一路建设的重点区域。《推动共建丝绸之路经济带和 21 世纪海上丝绸之路的愿景与行动》提到,"完善黑龙江对俄铁路通道和区域铁路网,以及黑龙江、吉林、辽宁与俄远东地区陆海联运合作,建设向北开放的重要窗口";"利用内陆纵深广阔、人力资源丰富、产业基础较好优势,依托哈长城市群等重点区域,推动区域互动合作和产业集聚发展"。

目前,哈长地区已经具备融入"一带一路"建设的基础和优势。在东北地区与俄罗斯连通的三条铁路通道中,黑龙江就占有两条;长吉图地区打造了向西与西伯利亚大铁路连接直通欧洲的陆路国际运输大通道,以及向东利用俄朝港口联结日本、韩国和欧洲北美的海上大通道。中国—俄罗斯博览会是中俄共同主办的国家级、国际性的大型博览会,构筑起中俄经贸合作的平台;中国—东北亚博览会是唯一由东北亚六国共同参与的国家级、国际性博览会;此外,长吉产业创新发展示范、中国(图们)朝鲜工业园、中国图们江区域(珲春)国际合作示范区、延边国家农业科技园等新平台,均有助于哈长地区进一步融入"一带一路"战略。哈长地区积极开展对外经贸合作,例如对俄、对朝的跨境经贸合作以及不断提高其对日、韩经贸合作层次。

在"中国制造2025"、"互联网+"、"大众创业万众创新"、"一带一路"等新战略的驱动下,京津冀协同发展正在全面铺开,山东半岛的"大象经济"插上了"互联网+"的翅膀;辽中南和哈长地区走上了"一带一路"的复兴发展大道。

主要参考文献

[1] 国家数据. [2015 - 06 - 11]. http://data. stats. gov. cn/workspace/index? m=fsnd.

[2] 2015 年天津市国民经济和社会发展统计公报. [2016 - 06 - 03]. http://news. enorth. com. cn/system/2016/03/02/030839382. shtml

[3] 河北省 2015 年国民经济和社会发展统计公报. [2016 - 06 -

03]. http://info. hebei. gov. cn/hbszfxxgk/329975/330000/330496/6609083/index. html.

[4] 2015 年一季度全市金融运行与金融工作情况.［2015 - 05 - 28］. http://www. bjjrj. gov. cn/jrsj/c54—a1132. html.

[5] 2014 年天津金融改革创新和金融业发展备忘录.［2015 - 06 - 01］. http://tjjr. gov. cn/tjjrfzgk/tjjrfzgk/20150206041836781Q1Q. shtml.

[6] 示范区介绍.［2015 - 06 - 03］. http://www. zgc. gov. cn/sfqgk/56261. htm.

[7] 中关村创业大街街区介绍.［2015 - 06 - 03］. http://www. z—innoway. com/index. php? app＝web&m＝Article&a＝detail&id ＝16.

[8] 天津滨海新区概况.［2015 - 06 - 03］. http://www. bh. gov. cn/html/bhxqzww/XQJJ22377/List/index. htm.

[9] 中国(天津)自由贸易试验区简介.［2015 - 06 - 03］. http://www. china—tjftz. gov. cn/html/cntjzymyq/ZMQJJ24924/List/list_0. htm.

[10] 天津国家自主创新示范区揭牌.［2015 - 06 - 03］. http://finance. chinanews. com/cj/2015/02—26/7082503. shtml.

[11] 曹妃甸区区情简介.［2015 - 06 - 03］. http://www. caofeidian. gov. cn/index. php? m＝content&c＝index&a＝show&catid＝22&id＝246.

[12] 沧州渤海新区概况.［2015 - 06 - 03］. http://www. bhna. gov. cn/intro/.

[13] 周立群,曹知修. 京津冀协同发展开启经济一体化新路径. 中共天津市委党校学报,2014(04)：100 - 104.

[14] 李京文,李剑玲. 京津冀协同创新发展比较研究. 经济与管

理，2015(02)：13 - 17.

[15] 薄文广，周立群. 长三角区域一体化的经验借鉴及对京津冀协同发展的启示. 城市，2014(05)：8 - 11.

[16] 京津冀协同发展如何抓住"核心"？—地方频道—新华网. [2015 - 06 - 28]. http://news. xinhuanet. com/local/2015—05/01/c_1115151001. htm.

[17] 京津冀陆续启动"十三五"规划编制，协同发展是重点方向—搜狐财经. [2015 - 06 - 10]. http://business. sohu. com/20140825/n403752869. shtml.

[18] 人民日报：北京定位四大中心 不再提经济中心—房产新闻—周口搜狐焦点网. [2015 - 06 - 10]. http://news. focus. cn/zhoukou/2014 - 08 - 16/5408203. html.

[19] 对接中国制造 2025 津打造全国先进制造研发基地. [2015 - 06 - 10]. http://news. jwb. com. cn/art/2015/4/22/art_179_5598663. html.

[20] 国务院关于印发全国主体功能区规划的通知. [2015 - 06 - 11]. http://www. gov. cn/zwgk/2011—06/08/content_1879180. htm.

[21] 京津冀协同发展第一步棋：北京要疏解好非首都功能|纲要|首都功能_凤凰财经. [2015 - 06 - 29]. http://finance. ifeng. com/a/20150626/13799187_0. shtml.

[22] 山东省土地资源概况. [2015 - 06 - 15]. http://www. mlr. gov. cn/tdsc/zygk/200912/t20091214_129595. htm.

[23] 中国山东行政区划. [2015 - 06 - 11]. http://www. shandong. gov. cn/col/col165/index. html.

[24] 山 东——直通地方. [2015 - 06 - 11]. http://www. gov. cn/guoqing/2013 - 04/17/content_2583746. htm.

[25] 山东(中华人民共和国山东省)_百度百科. [2015 - 06 - 11].

http://baike. baidu. com/link? url＝FqQLqCyt9K6gfSEn8lOt5wdb—R7GnkBjsBRTpFjzeXZjXuVunV0UQDr_KPvecvpMm_oYBHN18R6WvZ—k8oBwRpeRXoIH390pbkhmP5e7TcBFdEcL5G1vzLLv NMBbI-bU4goxQi9I _ K1q6Z5f1GE21yNzffUQaH9RmOWn1lNVeJus1uRaQbqSBdCXdbb1OHUK—＃2_1.

[26]2015年山东省国民经济和社会发展统计公报. [2016－06－11]. http://www. shandong. gov. cn/art/2016/3/1/art_609_76311. html

[27]香港机构评选:粤苏鲁获评中国最具综合竞争力省区 — 港澳频道 — 新华网. [2015－06－11]. http://news. xinhuanet. com/gangao/2013—06/18/c_116194844. htm.

[28]第六次人口普查 山东总人口达9579.3万人(图)_网易新闻中心. [2015－06－15]. http://news. 163. com/11/0430/02/72RRRDQ500014AED. html.

[29]山东省证监局:资本市场发展与经济大省地位不匹配_山东要闻_山东新闻_新闻_齐鲁网. [2015－06－15]. http://news. iqilu. com/shandong/yaowen/2014/0115/1829017. shtml.

[30]山东半岛蓝色经济区发展规划_东营市人民政府欢迎您!. [2015－06－28]. http://www. dongying. gov. cn/html/2011—12/11121216105769510_1. html.

[31]国家发展改革委关于印发黄河三角洲高效生态经济区发展规划的通知. [2015－06－28]. http://www. gov. cn/zwgk/2009—12/23/content_1494695. htm.

[32]李建军:让"互联网＋"成为山东竞争新引擎_国研网. [2015－06－18]. http://www. drcnet. com. cn/eDRCnet. common. web/docview. aspx? DocID＝3954888&leafid＝11&chnid＝11.

[33]山东软件业务收入超3000亿 产业规模全国第四_国研网.

[2015 - 06 - 18]. http://www. drcnet. com. cn/eDRCnet. common. web/docview. aspx? DocID＝3952873&leafid＝10&chnid＝11.

　[34] 改革隐形路径 郭树清改大象经济获赞"蛮拼的"_山东频道_凤凰网. [2015 - 06 - 19]. http://sd. ifeng. com/zbc/detail_2014_10/14/3009823_0. shtml.

　[35] 陈岗, 雷磊, 邹华. 辽中南城市群城市竞争力综合评价与时间演变分析. 地域研究与开发, 2013(01)：52—55＋91.

　[36] 黄征学. 促进辽中南城市群发展研究. 经济研究参考, 2014(33)：32—43＋84.

　[37] 王晓玲. 辽中南与国内三大城市群的比较及定位. 城市, 2014(05)：30—38.

　[38] 辽宁省初步建成多层次资本市场—市场—辽宁频道. [2015 - 06 - 23]. http://liaoning. nen. com. cn/system/2014/08/07/012557035. shtml.

　[39] 二〇一五年辽宁省国民经济和社会发展统计公报. [2016 - 06 - 23]. http://ln. people. com. cn/n2/2016/0316/c340418—27942218. html

　[40] 辽宁省科技创新重大专项初见成效. [2015 - 06 - 29]. http://www. most. gov. cn/dfkj/ln/zxdt/201409/t20140922_115687. htm.

　[41] 辽宁省发改委　沈阳经济区工作领导小组办公室处长　王幼学. 沈阳经济区一体化战略. 中国社会科学报, 2014：C02.

　[42] 沈阳经济区"群城市"质变升级为"城市群". [2015 - 06 - 25]. http://www. ln. gov. cn/qmzx/senyang/gzdt/201501/t20150113_1536961. html.

　[43] 迟姗, 张华. 辽宁沿海经济带生态环境与经济协调发展研究. 海洋开发与管理, 2014(02)：93 - 98.

　[44] 徐丽娟, 李可用. 辽宁沿海经济带产业结构研究. 中国市

场,2014(08):11—13.

[45]逯笑微,原毅军. 辽宁沿海经济带城市群的经济空间联系及政策协调. 辽宁大学学报(哲学社会科学版),2014(02):81—88.

[46]吴伟,顾丹. 对加快辽宁沿海经济带城镇建设的建议. 合作经济与科技,2014(02):34—35.

[47]肖寒,姜清源. 辽宁沿海经济带与沈阳经济区的区域互动研究. 资源开发与市场,2014(02):173—178.

[48]"一带一路"战略统领辽宁新开放. [2015-06-26]. http://vnetcj. jrj. com. cn/2015/03/24075519005318. shtml.

[49]辽宁:融入"一带一路"战略 构建陆海联运经济走廊(图)_中国公路网. [2015-06-25]. http://www. chinahighway. com/news/2015/929807. php.

[50]辽宁省对外贸易经济合作厅厅长 王力威. 辽宁积极参与"一带一路"建设. 国际商报,2015:A01.

[51]辽宁省人民政府办公厅关于贯彻落实"一带一路"战略推动企业"走出去"的指导意见 — 辽宁省对外贸易经济合作厅. [2015-06-29]. http://www. china—liaoning. gov. cn/templet/default/ShowArticle. jsp? id=44178.

[52]刘朝霞. 辽宁"一带一路"布局进入实质阶段. 国际商报,2015:B02.

[53]哈长城市群规划编制或基本完成——长春信息港——长春新闻网. [2015-06-26]. http://www. ccnews. gov. cn/zcxw/mtzc/201501/t20150115_1375316. htm.

[54]张守忠,王蕾,李玉英等. 哈大齐工业走廊城市化进程的空间关联研究. 资源开发与市场,2014(02):195—197+258.

[55]长吉图开发开放先导区建设的目标_区域简介_长吉图. [2015-06-26]. http://www. cjtzlss. com/news/14/247. html.

[56] 地理位置和自然信息. [2015 - 06 - 26]. http://www. suifenhe. gov. cn/contents/4296/19788. html.

[57] 中俄重要口岸绥芬河将新建支线机场—新闻中心频道—新华网. [2015 - 06 - 26]. http://news. xinhuanet. com/2015—02/12/c_1114345268. htm.

[58] 长吉图开发开放先导区建设的内部条件_区域简介_长吉图. [2015 - 06 - 26]. http://www. cjtzlss. com/news/14/295. html.

[59] 吴天飞. 哈长城市群列入战略支撑重点区域. 哈尔滨日报, 2015 - 4 - 17.

[60] 董铭山, 刘晓辉. 基于分工网络的哈长城市群区域经济发展研究. 经济师, 2015(05): 178—179+181.

[61] 韩淑慧, 常志军. 长吉图经济区人力资源开发的 SWOT 分析. 现代交际, 2015(04): 35—36.

[62] 董杰. 长吉图开发开放先导区的发展现状及问题分析. 甘肃科技纵横, 2015(01): 14—16.

[63] 张金城, 李高贵. 哈大齐工业走廊建设中的金融问题研究. 求是学刊, 2009(06): 49—53.

[64] 中国·黑龙江·科教文卫. [2015 - 06 - 26]. http://www. hlj. gov. cn/zjlj/kjww/index. shtml♯.

[65] 建长东北科技创新中心 打造示范区创新源_权威资讯_长吉图. [2015 - 06 - 27]. http://www. cjtzlss. com/news/4/8190. html.

[66]《长吉图规划纲要》(全文)_规划纲要_长吉图. [2015 - 06 - 26]. http://www. cjtzlss. com/news/7/17. html.

[67] 张尔瞻. 推动长吉图转型升级 提升优势产业竞争力. 2015: 002.

[68] 着力打造哈大齐城市群 —哈大齐—政务公开. [2015 - 06 - 26]. http://www. hlj. gov. cn/zwdt/system/2010/12/13/010124322.

shtml.

[69] 于林波,林威威,孙昊,杜怀宇. 牡绥崛起新型产业带. 黑龙江日报,2015-5-31.

[70] 经国务院授权 三部委联合发布推动共建"一带一路"的愿景与行动. [2015-06-17]. http://www. mofcom. gov. cn/article/h/zongzhi/201504/20150400929559. shtml.

[71] 受权发布:中共中央、国务院决定设立河北雄安新区. 新华社[EB/OL]. http://news. xinhuanet. com/2017-04/01/c_1120741571. htm.

[72] 国家发展改革委主任何立峰就设立河北雄安新区有关情况接受媒体采访. 国家发改委[EB/OL]. http://news. 163. com/17/0406/09/CHB3ONA400018AOQ. html.

第四篇
适时追赶的中部和西部地区

　　中西部地区幅员辽阔,经济发展滞后,贫困人口较多,其经济状况事关中国经济整体的健康发展。中部地区位于我国腹地,承东启西、连南通北。经过多年的政策扶持,中西部地区不仅实现了自身的经济增长,而且与东部地区的经济差距在逐步缩小,初步实现了我国区域经济的协调发展。

第一章 地广物丰的内陆中腹

第一节 潜能富集的内陆六省——中部地区

中部地区包括山西、安徽、河南、湖北、湖南、江西6个省份,占全国陆地总面积的10.7%。这片土地孕育了3.58亿的人口(根据2010年第六次全国人口普查数据计算)。中部地区处于中国内陆腹地,也是毗邻欧洲地块的亚洲地域内腹地带,位属长江中游和黄河中游,起着承东启西、连南通北的作用,拥有四通八达的交通体系。

中部地区的林地、耕地、水、矿产等资源丰富。其中,最引人注目的是矿产资源。中部地区的矿产资源储量约占全国的40%,可开发潜力很大。表4-1报告了中部地区主要矿产资源储量占全国的比重以及主要集中的省份。丰富的矿产资源为中部地区的经济增长提供了良好的基础。

然而,中部地区矿产资源同时面临严峻的约束主要体现在四个方面:一是矿产资源分布不均匀;二是开采技术落后;三是开发环境成本高,环境污染严重;四是法律、法规不健全,导致乱挖乱采问题严重。

表 4 - 1　中部地区主要矿产资源储量及分布

矿产资源	占全国储量的比重(%)	主要集中的省份
煤炭	39.43	山西、河南
铁矿	10.55	湖北、湖南
锰矿	30.29	湖北、湖南
钒矿	22.66	湖南
铝土矿	43.69	山西
铜矿	47.69	分布较均匀
硫铁矿	36.97	分布较均匀
磷矿	36.70	分布较均匀

資料来源:杨艳琳,许淑嫱. 中国中部地区资源环境约束与产业转型研究[J]. 学习与探索,2010,(3).

　　中部六省的旅游资源也十分丰富,呈现数量多、等级高和独特性强等特点(如表 4 - 2 所示)。黄山、武当山、庐山、嵩山、长江、黄河、淮河、鄱阳湖、洞庭湖、巢湖等自然景观风格迥异。同时,作为华夏文明的发源地,中部地区历史悠久、文化底蕴深厚。我国古代的四大名楼黄鹤楼、滕王阁、鹳雀楼、岳阳楼均在中部,这里还有人们耳熟能详的山西的晋文化、河南的中原文化、湖北与湖南的楚文化、安徽的徽文化、江西的红色文化。自然山水、历史文化、古迹遗址在这里相得益彰,吸引着众多的海内外游客。

表 4 - 2　中部地区旅游资源概况

	中部（处）	全国（处）	比例（％）
世界自然文化遗产	11	38	28.9
世界地质公园	8	20	40.0
国家级重点风景名胜区	50	187	26.7
国家重点文物保护单位	716	2351	30.5
国家森林公园	133	627	21.2
国家级自然保护区	44	265	16.6
国家地质公园	32	138	23.2
国家级水利风景区	59	192	30.7
中国优秀旅游城市	61	306	19.9
历史文化名城（镇、村）	71	256	27.7

资料来源：石晓峰．我国中部地区体育旅游资源开发策略[J]．武汉体育学院学报，2011，(6)．

第二节　地广人稀的能源基地——西部地区

西部地区地域辽阔、人口稀少。国土面积占全国陆地总面积的 71.5％，但在如此辽阔的土地上，只有 3.71 亿的人口，仅与国土面积占全国 10.7％的中部地区的人口相当。西部地区包括内蒙古、广西、重庆、四川、贵州、云南、西藏、陕西、甘肃、青海、宁夏、新疆 12 个省市区。西部地区经济落后，全国的贫困人口大部分分布在该区域，因此西部地区的经济发展事关中国经济的健康发展。

与中部地区"多矿少油少气"的资源特征不同，西部地区石油、天然气、矿产等资源丰富,是我国高质量能源和矿产资源的供应基地。西部地区的塔里木盆地、柴达木盆地、陕甘宁和四川盆地蕴藏着大量的天然气和石油资源,其中天然气占全国陆上天然气资源的87%。目前,我国所发现的171种矿产种类在西部地区均有发现。其中,已探明储量的有132种,包括8种能源矿产、52种金属矿产、69种非金属矿产、3种矿泉水和天然气。

专栏

西气东输工程

西气东输工程是党中央、国务院实施西部大开发战略的一项重大工程。“西气”主要指中国新疆、青海、川渝和鄂尔多斯四大气区生产的天然气;“东输”主要指将上述地区的天然气输往长江三角洲地区。从投资规模、地域跨度和惠及人口等方面看,西气东输工程都堪称我国过去十年工程之最。

1. 工程背景

改革开放以来,我国能源工业发展迅速,但结构不合理,煤炭占一次能源生产和消费中的比重均高达72%。大量燃煤使大气环境不断恶化,发展清洁能源和调整能源结构迫在眉睫。相对于煤炭、石油等能源来说,天然气具有绿色环保、经济实惠、安全可靠等特点。然而,我国天然气的源头在西部而市场在东部,这一供求严重不平衡的状况正是西气东输工程产生的现实基础。把西部的天然气通过长大管道输往经济发达

的东部,可以充分发挥西部天然气的市场价值和实现
能源供求的平衡,进而促进东西部地区的共同发展。

2. 工程实施

西气东输工程从 1998 年开始酝酿。2000 年 2 月
14 日,朱镕基总理亲自主持召开总理办公会,听取国
家计委和中国石油天然气股份有限公司关于西气东输
工程资源、市场、技术、经济可行性等论证汇报。2000
年 3 月 25 日,国家计委在北京召开西气东输工程工作
会议。同时,经国务院批准成立西气东输工程建设领
导小组,国家计委副主任张国宝任领导小组组长。
2000 年 8 月 23 日,国务院召开第 76 次总理办公会,批
准西气东输工程项目立项。西气东输工程成为拉开西
部大开发的标志性项目。2002 年 7 月 4 日工程正式动
工建设,2004 年 12 月 31 日正式向上海等地输气。

3. 工程影响

西气东输工程的大部分投资都在西部地区,这有力
地促进了西部地区的经济发展,也有利于沿线省市区产
业结构、能源结构的调整和经济效益的提高。西气东输
工程能够拉动机械、电力、化工、冶金、建材等相关行业
的发展,对于扩大内需、增加就业具有积极的现实意义。

社会各界对西气东输工程附带给西部生态环境的
影响格外关注。因此,工程进行了严格的环境和社会
评价,建立健全了国际通用的"健康、安全、环保管理体

系",在设计和施工上处处强调对环保的要求。例如,为保护罗布泊地区的80多只野生骆驼,专门追加近1.5亿元投资,增加管线长度15公里;对管道埋入地下挖土回填的施工标准是要保证回填土上草类能够生长。按照这样的标准,此项工程对西部生态环境的影响甚微。

资料来源:根据百度百科等网络资源整理。

民族文化多样性是西部地区最为显著的特征。全国55个少数民族有50多个居住在西部地区,占少数民族总人口的80%以上。在漫长的历史发展过程中,西部地区少数民族创造了各具特色的民族文化。西部地区拥有国家级非物质文化遗产732项,占全国总数的52.9%,且均是少数民族文化资源。从地域上来看,西部地区非物质文化资源集中于云贵川地区。从类型分布上来看,以手工技艺和习俗等非物质形态居多。

第三节　扶助与反哺中的经济形态

一、因地顺势的升级发展——中西部的产业结构

随着地区经济水平的提高,地区产业结构也随之发生变动。从三次产业划分的角度来看,中西部地区的产业结构已经调整为"二、三、一"结构(如表4-3所示)。从时间趋势上来看,中西部地区第一产业比重一直处于下降趋势。中部地区第一产业比重从2000年的20.2%下降到2015年的10.8%,西部地区的也从22.3%下降到11.9%。同时,中西部

地区第二产业比重稳中有升。中部地区第二产业比重从 2000 年的 44.6% 上升到 2006 年的 48.5%,而到了 2015 年,下降到 47.4%。西部地区第二产业比重从 2000 年的 41.5% 上升到 2006 年的 45.2%,2015 年小幅上升到 45.5%。相比较而言,中西部地区第三产业比重呈现明显的上升态势。中部地区第三产业比重从 2000 年的 35.2% 上升到 2015 年的 41.8%,西部地区的也从 36.2% 上升到 42.6%。

从地区差异上来看(如图 4 - 1 所示),一方面,截止到 2015 年,中部地区第二产业比重高于西部地区,而西部地区的第一产业、第三产业比重高于中部地区;另一方面,与全国平均水平相比较,中西部地区第一产业、第二产业比重高于全国,而第三产业比重低于全国。当中西部地区产业结构为"二、三、一"时,全国及东部地区的产业结构已经调整为"三、二、一"结构。

表 4 - 3　中西部地区产业结构变动(单位:%)

		2000	2006	2015
中部地区	第一产业	20.2	15.3	10.8
	第二产业	44.6	48.5	47.4
	第三产业	35.2	36.2	41.8
西部地区	第一产业	22.3	16.2	11.9
	第二产业	41.5	45.2	45.5
	第三产业	36.2	38.6	42.6

资料来源:根据 2007、2001 年中国统计年鉴、2015 年国民经济与社会发展统计公报计算。

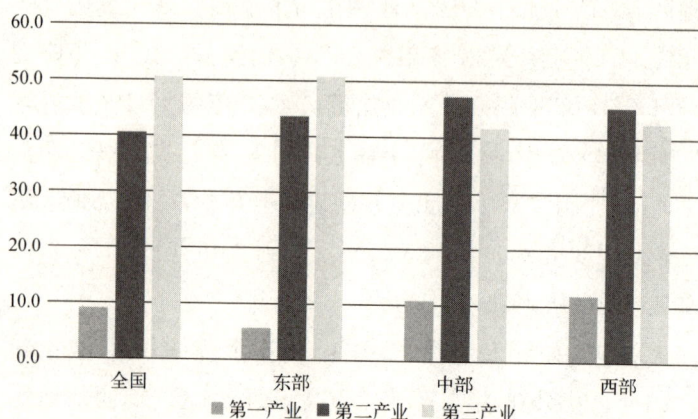

图 4 - 1 2015 年地区生产总值构成

资料来源：根据 2015 年国民经济与社会发展统计公报绘制。

从具体省份来考察中西部地区的产业结构，如表 4 - 4 所示。除山西、重庆、贵州、云南、西藏、甘肃、新疆的产业结构为"三、二、一"外，其余省区的产业结构均为"二、三、一"。相比较而言，东部大部分省份产业结构为"三、二、一"结构。

表 4 - 4 2015 年各省(市区)地区生产总值构成(单位：%)

东部地区	第一产业	第二产业	第三产业	中部地区	第一产业	第二产业	第三产业	西部地区	第一产业	第二产业	第三产业
北京	0.6	19.7	79.7	山西	6.2	40.8	53.0	内蒙古	9.0	51.0	40.0
天津	1.3	46.7	52.0	安徽	11.2	51.5	37.3	广西	15.3	45.8	38.9
河北	11.5	48.3	40.2	江西	10.6	50.7	38.6	重庆	7.3	45.0	47.7
上海	0.4	31.8	67.8	河南	11.4	49.1	39.5	四川	12.2	47.5	40.3
江苏	5.7	45.7	48.6	湖北	11.2	45.7	43.1	贵州	15.6	39.5	44.9
浙江	4.3	46.0	49.8	湖南	11.5	44.6	43.9	云南	15.0	40.0	45.0

（续表）

东部地区	第一产业	第二产业	第三产业	中部地区	第一产业	第二产业	第三产业	西部地区	第一产业	第二产业	第三产业
福建	8.2	50.9	41.0					西藏	9.4	36.7	53.9
山东	7.9	46.8	45.3					陕西	8.8	51.5	39.7
广东	4.6	44.7	50.8					甘肃	14.1	36.7	49.2
海南	23.1	23.6	53.3					青海	8.6	50.0	41.4
								宁夏	8.2	47.4	44.5
								新疆	16.7	38.2	45.0

资料来源：根据2015年国民经济与社会发展统计公报计算。

二、农重工轻"蓄水池"困境——中西部的就业结构

如图4-2所示，2014年，在中部地区，第一、二、三产业中就业人口占总就业人口的比重分别为37.6%、27.5%、34.9%；在西部地区，就业人口在三次产业中的分布为46.9%、20.2%、32.9%。由此可以看出，中西部地区的就业结构为"一、三、二"。与全国平均水平进行比较，中部地区就业人口在第一产业中的比重高于全国平均水平8.1个百分点，西部地区则比全国平均水平高17.4个百分点；中部地区第二产业中就业人口的比重低于全国平均水平2.4个百分点，西部地区则比全国平均水平低9.7个百分点；中部地区第三产业中就业人口的比重低于全国平均水平5.7个百分点，西部地区则比全国平均水平低7.7个百分点。相关数据表明，中西部地区产业结构与就业结构存在不协调性，在产业结构为"二、三、一"时，就业结构却为"一、三、二"。中西部地区的第二产业已经成为拉动经济增长的主要力量，但其吸收的劳动力仅是很少的一部分，第一产业仍然发挥着隐性失

业的蓄水池效应,一直吸收着中西部地区大部分的劳动力,这一现象在西部地区更加明显。产业结构与就业结构不协调的后果就是中西部地区居民收入普遍偏低。

就业人口在三次产业中的分布(单位：%)

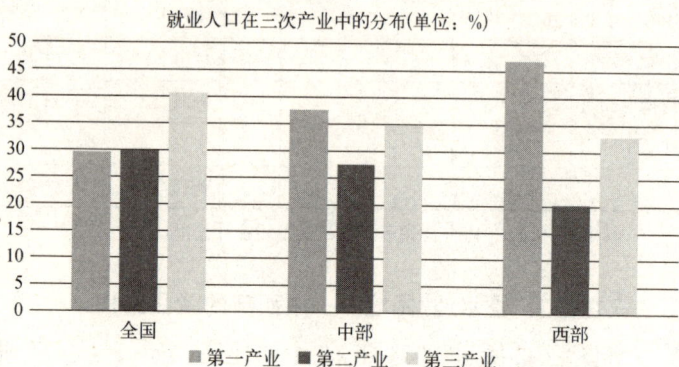

图4-2　就业人口在三次产业中的分布(2014年)

资料来源：根据2015年中国统计年鉴、各省市区统计年鉴绘制。

三、青壮外流与空巢固土——中西部的人口流动

（一）人口流动的规模及原因

由图4-3可知,我国流动人口规模呈现逐年递增趋势。截止到2013年底,我国流动人口规模达到2.45亿,这意味着全国有超过18%的人口离开本地或本省在外地生活。

在全部流动人口中,跨省流动的人口规模不断增加。根据2010年的第六次人口普查数据,2000—2010年,跨省流动人口达到了7929万人,跨省流动的人口在全部流动人口中所占比重达到32.6%。可见,不论是跨省流动人口规模,还是跨省流动人口比重,其增长速度都比较迅速。

中国历年流动人口变化

图 4-3　中国历年流动人口变化

资料来源:辛继召.流动之手:即将开始的人口"战争"[N].21世纪经济报道,2015-04-13(13).

　　自20世纪90年代以来,我国省际人口流动的主要流出地为中西部地区。从2013年的统计数据来看(见图4-4),我国跨省流出人口主要分布在安徽、四川、湖南、河南、贵州

跨省流出人口分布

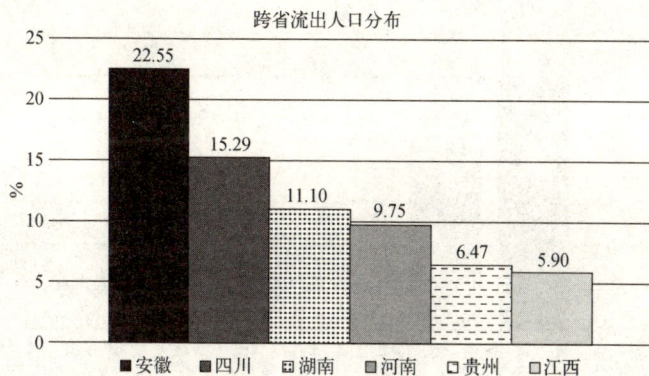

图 4-4　主要省份跨省流出人口占全国跨省流出人口比重(2013年)

资料来源:辛继召.流动之手:即将开始的人口"战争"[N].21世纪经济报道,2015-04-13(13).

和江西。这六个省份跨省流出人口占全国跨省流出人口的71.06％,其中安徽是当前我国跨省流出人口最多的省份。近年来,贵州的跨省流出人口规模不断扩大,逐渐成为重要的人口流出地。2013年其全省新增净流出省外人口2.5万人,外流总规模达到760万人。

中国人口跨省流动的基本模式是人口从中西部地区向东部地区特别是珠三角、长三角和京津冀地区流动。广东、浙江、上海、北京、江苏和福建是当前我国最主要的跨省人口流入地。2013年,这六个省份跨省流入人口占全国跨省流入人口的87.84％,其中广东居全国之首(见图4-5)。由于流入人口过多,在珠三角、长三角和京津冀的部分地区,外来常住人口数量已经逼近本地人口数量。其中,上海2014年常住人口2425.7万人,其中外来常住人口占41％;北京2013年常住人口2114.8万人,其中外来常住人口占38％;

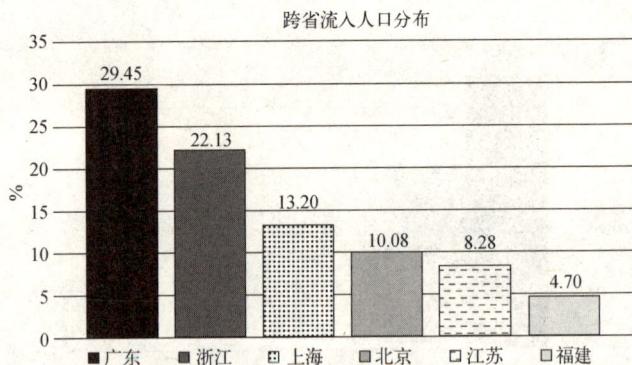

图4-5　主要省份跨省流入人口占全国跨省流入人口比重(2013年)

资料来源:辛继召.流动之手:即将开始的人口"战争"[N].21世纪经济报道,2015-04-13(13).

深圳 2013 年常住人口 1062.9 万人,非户籍人口占 70%。正是因为中西部地区人口大规模向东部地区流动,使得中西部地区成为我国的劳动力输出中心。

影响中西部地区人口大规模流向东部地区的原因是多方面的。从微观个体的层面来看,人们流向东部地区的最主要原因是务工经商。诱发微观个体跨省务工经商的宏观因素主要有三个方面:一是限制人口流动的户籍管理政策逐步放松;二是由于改革开放之初中国提出"有所为和有所不为"的"梯度发展"战略,东中西部间形成较大的区域经济差距,从而促使人们从相对落后的中西部地区向相对发达的东部地区迁移,寻求更好的就业机会和更高收入;三是中西部地区的第二、三产业缺乏吸收大量农村剩余劳动力的能力,从而促使人口向东部地区流动。

(二)流动人口的社会经济属性特征

首先,从年龄和性别特征来看,中西部地区流向东部地区的人口主要以中青年为主,年龄段集中在 15 至 49 岁之间。另外,流动人口的男性多于女性。其次,从受教育程度来看,流动人口的受教育程度总体上以中小学学历为主。由于流动人口受教育程度低导致了中西部地区流动人口在东部地区往往从事低层次的工作。最后,从职业分布来看,流动人口主要集中在商业服务、生产运输设备操作等行业,这些职业所需的专业技能相对较低,而且待遇相对较差,多为低层次工作。

(三)人口流动的影响

中西部地区人口向东部地区的大规模流动,为东部地区提供了充足且低成本的劳动力,拉动了这些地区的经济增长,同时也在一定程度上提高了中西部地区的居民收入水平;另一方面,在中西部地区人口流动的过程中,出现了大量的空巢老人和留守儿童。在中国传统的养老模式下,由于儿女不在身边,许多老年人的日常生活缺少照料,心理健康问题较为突出。另外,大部分的农村留守老年人还承担了抚育孙子女的重担。关于留守儿童问题,根据第六次人口普查数据,2010 年全国有 6102.55 万的农村留守儿童,半数以上的留守儿童不能与父母生活在一起,隔代监护和教育的现象比较普遍。与父母的长期分开,造成了留守儿童较为严重的生活、健康和学习等问题。

> **专栏**
>
> ### 人口红利
>
> "人口红利"是指,一个国家的劳动年龄人口占总人口比重较大,抚养率比较低,为经济发展创造了有利的人口条件,整个国家的经济呈高储蓄、高投资和高增长的局面。"红利"在很多情况下和"债务"是相对应的。2013 年 1 月,国家统计局公布的数据显示,2012 年我国 15—59 岁劳动年龄人口在相当长时期里第一次出现了绝对下降,比上年减少 345 万人,这意味着人口红利趋于消失,导致未来中国经济要面临一个"减速关"。
>
> 资料来源:百度百科。

四、扶助与反哺任重道远——中西部的居民收入

（一）收入水平

长期以来,我国居民收入增长速度一直低于 GDP 和公共财政收入增长速度。另外,城市与农村、东部与中西部的居民收入水平也存在差异。近年来,中西部地区居民收入水平不断提高(如表 4-5 所示)。在 2015 年,中、西部地区城镇居民人均可支配收入皆约为 2005 年的 3 倍。中西部地区的城镇居民人均可支配收入差异不明显,基本保持同步水平。在 2015 年,中部地区城镇居民人均可支配收入约为 2.7 万元,西部地区约为 2.6 万元。从农村居民人均纯收入来看,中、西部地区 2015 年农村居民人均纯收入均是 2005 年的 3.7 倍,中部地区农村居民人均纯收入要高于西部地区,中部地区农村居民人均纯收入是西部地区的 1.22 倍。

在中西部地区居民收入水平不断提高的同时,城乡居民收入差距也在逐步缩小。如果将城镇居民人均可支配收入除以农村居民人均纯收入的值作为城乡居民收入差距的一个度量指标,表 4-5 显示,2005 年中部地区城镇居民收入是农村居民收入的 2.98 倍,西部地区该指标是 3.69 倍,而到了 2015 年,中部地区城镇居民收入是农村居民收入的 2.47 倍,西部地区该指标是 2.93 倍。由此可见,中西部地区城乡居民收入差距在逐步缩小。值得注意的是,西部地区内城乡居民收入差距大于中部地区。

表4-5 中西部地区城乡居民收入

年份	西部地区			中部地区		
	城镇居民人均可支配收入（元）	农村居民人均纯收入（元）	城乡居民收入比（倍）	城镇居民人均可支配收入（元）	农村居民人均纯收入（元）	城乡居民收入比（倍）
2005	8808.50	2956.60	2.98	8783.20	2378.90	3.69
2007	11634.40	3844.40	3.03	11309.50	3028.40	3.73
2009	14367.10	4792.80	3.00	14213.50	3816.50	3.72
2011	18323.20	6529.90	2.81	18159.40	5246.70	3.46
2013	22736.10	8376.50	2.71	22710.10	6833.60	3.32
2015	26788.17	10850.67	2.47	26087.83	8914.17	2.93

资料来源：根据2014年中国统计年鉴、2015年国民经济和社会发展统计公报计算。

从城镇居民人均可支配收入看，东部地区与中西部地区的居民收入差距在不断缩小（见表4-6）。东、中部的城镇居民人均可支配收入差距由2005年的1.52缩小到2015年的1.39，东、西部的城镇居民人均可支配收入差距也同时从1.52缩小到1.43。从农村居民人均纯收入看，在2005—2013年间，东部地区与中西部地区的差距在不断缩小。然而，到了2015年，差距出现了扩大的趋势。总的来看，东部与中西部地区间的居民收入水平的差距仍然比较大。

表 4-6　东部地区与中西部地区居民收入差距

年份	农村居民人均纯收入		城镇居民人均可支配收入	
	东部/中部	东部/西部	东部/中部	东部/西部
2005	1.52	1.52	1.60	1.98
2007	1.46	1.50	1.52	1.93
2009	1.46	1.47	1.49	1.87
2011	1.44	1.45	1.47	1.83
2013	1.43	1.43	1.44	1.76
2015	1.39	1.43	1.49	1.81

资料来源：根据2014年中国统计年鉴、2015年国民经济和社会发展统计公报计算。

（二）收入来源结构

城镇居民人均总收入来源大体可以划分为工资性收入、经营净收入、财产性收入和转移性收入。从图4-6可以看出，工资性收入是中部地区城镇居民人均总收入的第一重要来源，占人均总收入的比重为61%；转移性收入是中部地区城镇居民人均总收入的第二重要来源，占人均总收入的18%；财产性收入的贡献作用最小，仅占8%。此外，西部地区城镇居民的人均总收入来源结构与中部地区一致（如图4-7所示）。转移性收入之所以成为中西部地区城镇居民人均总收入的第二重要来源，主要是中西部地区贫困人口居多，因而政府对贫困人口进行扶贫的转移支付力度大。

如图4-8所示，中部地区农村居民人均纯收入来源结构与城镇居民人均总收入来源结构有着明显的差异。工资性收入和经营净收入是中部地区农村居民人均纯收入的两个主要来源，分别占39%和41%；转移性收入所占比重为

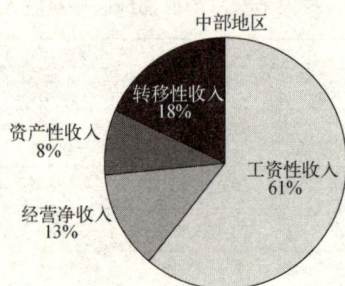

图 4-6 中部地区城镇居民人均总收入来源结构(2014 年)

资料来源:根据 2015 年中国统计年鉴绘制

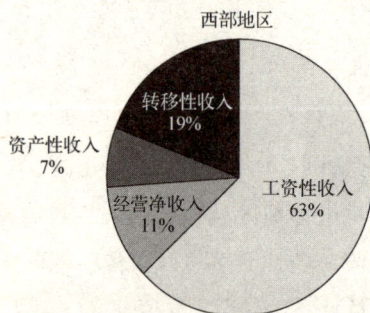

图 4-7 西部地区城镇居民人均总收入来源结构(2014 年)

资料来源:根据 2015 年中国统计年鉴绘制

18%;财产性收入所占比重很小,仅为 1%。

中西部地区农村居民人均纯收入来源结构差异明显。就西部地区而言,经营净收入是农村居民人均纯收入最重要的来源,占人均纯收入的 47%;工资性收入为农村居民人均纯收入的第二重要来源,占人均纯收入的 30%;转移性收入和财产性收入分别占 21%和 2%。

中部地区

财产性收入
2%

转移性收入
18%

工资性收入
39%

经营净收入
41%

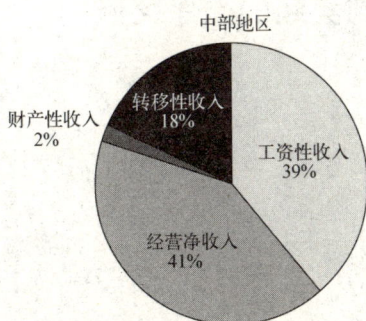

图 4 - 8　中部地区农村居民人均纯收入来源结构(2014 年)

资料来源:根据 2015 年中国统计年鉴绘制

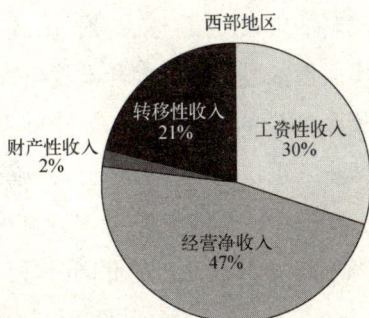

西部地区

财产性收入
2%

转移性收入
21%

工资性收入
30%

经营净收入
47%

图 4 - 9　西部地区农村居民人均纯收入来源结构(2014 年)

资料来源:根据 2015 年中国统计年鉴绘制

第二章 时到势起的循序突破

第一节 不断深入的西部大开发

为实现区域经济的协调发展,国家于 1999 年做出了实施西部大开发战略的重大决策,标志着我国区域经济协调发展战略进入了实质性阶段。西部大开发战略提出后,中央为西部地区提供了大规模的投资、转移支付和其他财政支持,从而使西部地区步入了快速发展的轨道,区域经济有了明显的改观。2000—2009 年,西部大开发累计新开工重点工程 120 项,投资总规模 2.2 万亿元。与此同时,西部人均地区生产总值从 1999 年的 4284 元增加到 2008 年的 15968 元。地区生产总值呈现逐年加快增长趋势,2000—2008 年西部地区生产总值从 16655 亿元增加到 58257 亿元,年均增长 11.7%。以 2003 年为转折点,经济呈现"V"型的增长路径,西部地区生产总值占东部地区的比重从 1999 年的 37.8%下降到 2003 年的 36%,此后该比重逐渐上升,到 2008 年该指标为 41.4%。西部地区生产总值占东部地区生产总值比重的上升表明全国各地区间的经济差距在缩小。

2010 年是西部大开发战略实施 10 周年,国家在总结西

部大开发战略所取得的巨大成就的基础上,提出了未来 10
年深入实施西部大开发战略的总体思路和政策措施。西部
地区正从新的历史起点出发,迈上更加壮丽的新征程。

第二节　协调发展的中部崛起

从 20 世纪 80 年代国家实施沿海地区优先发展战略,到
20 世纪末实施西部大开发战略,东部地区与西部地区经济
快速发展的同时,中部地区在全国经济发展总体格局中呈现
出"塌陷"趋势。如图 4 - 10 所示,一方面,中部地区实际生
产总值占东部地区的比重从 1991 年的 38.6% 下降到 2006
年的 31.9%,表明东中部地区间的差距在该时期内持续扩
大。另一方面,1991 年至 2000 年期间,西部地区实际生产总
值占中部地区的比重从 79.2% 下降到 68.1%,这说明在西
部大开发战略实施以前,中西部地区间的经济差距在扩大。

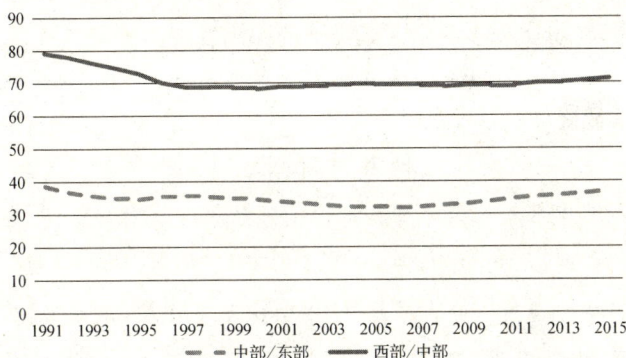

图 4 - 10　东中西部地区实际地区生产总值(1991—2015 年)

资料来源:根据各省统计年鉴绘制。

然而,实施西部大开发战略以后,西部地区实际生产总值占中部地区的比重又从 2000 年的 68.1% 上升到 2006 年的69.4%,表明中西部地区间的经济差距呈现缩小趋势。

在实施西部大开发战略之后的一段时间内,国家区域战略未曾涉及的中部地区经济增长下滑就成为必然。针对"中部塌陷"的现象,政府将促进中部崛起的政策与规划纳入议事日程。2006 年出台的《中共中央国务院关于促进中部地区崛起的若干意见》、2007 年出台的《国务院办公厅关于中部六省比照实施振兴东北地区等老工业基地和西部大开发有关政策范围的通知》与 2009 年批准的《促进中部地区崛起规划》,为中部地区的经济增长提供了强劲的动力。如图 4 -10 所示,自 2006 年以后,中部地区实际生产总值占东部地区的比重由 31.9% 上升到 2015 年的 36.9%。同时,中西部地区基本保持了同步的经济增长速度。由此可见,当中部崛起计划实施后,中西部地区不仅实现了自身的经济增长,而且与东部地区的经济差距在逐步缩小,统筹了不同类型区域的发展,初步实现了我国区域经济的协调发展。

专栏

何为"中部塌陷"

中部塌陷是中部地区的现实情况。面对东部的繁荣和西部大开发的夹击,出现了"不东不西,不是东西"的特别现象。论发展水平,中部比不上东部;论发展速度,中部比不上西部。中部塌陷现象的具体表现是:中部地区的经济总量和总体发展水平不仅大大低于东部

> 沿海发达地区,而且明显低于全国平均水平;中部地区的发展势头和发展速度明显低于东部地区,也低于西部地区。
>
> 资料来源:百度百科。

第三节　"一带一路"贯通发展的主动脉

"一带一路"战略的提出是中西部地区加快发展并实现超越的重要机遇。包括中西部在内的西北地区、西南地区、内陆地区是"一带一路"重点建设区域,部分地区甚至具有重要的战略地位。《推动共建丝绸之路经济带和 21 世纪海上丝绸之路的愿景与行动》中提到,"发挥新疆独特的区位优势和详细开放的重要窗口作用……打造丝绸之路经济带核心区","发挥陕西、甘肃综合经济文化和宁夏、青海民族人文优势,打造西安内陆型改革开放新高地,加快兰州、西宁开发开放,推进宁夏内陆开放型经济试验区建设,形成面向中亚、南亚、西亚的通道、商贸物流枢纽、重要产业和人文交流基地"。发挥云南区位优势,推进与周边国家的国际运输通道建设,打造大湄公河与此区域经济合作新高地,建设面向南亚、东南亚的辐射中心。推进西藏与尼泊尔等国家边境贸易和旅游文化合作。并且,其中提到了依托长江中游城市群、成渝城市群、中原城市群、呼包鄂榆城市群,"打造重庆西部开发开放重要支撑和成都、郑州、武汉、长沙、南昌、合肥等内陆开放型经济高地"。"加快推动长江中上游地区和俄罗斯伏尔加河沿岸联邦区的合作"。"支持郑州、西安等内陆城市建设航空港、国际陆港"。整个"一带一路"战略对中西部地区的支持力度空前,对中西部地区的未来发展影响巨大。

"一带一路"战略有助于东部产能更快向中西部转移,并发挥中西部地区与周边国家进行合作的潜力。"一带一路"战略将中西部地区的"开发"与"开放"联系了起来,为中西部地区拓展了向外发展的通道。

当前,中西部地区正在积极融入"一带一路"建设中。如,在河南,"郑欧班列"为"一带一路"的建设和发展开启了先河;在陕西,正在探索内陆自由贸易新模式,开辟跨国丝路旅游线路,合作举办艺术节、电影节,推进经济带文化、旅游、商贸等交流合作;在西藏,正在积极参与"孟中印缅经济走廊"建设,不断发展壮大藏青工业园区……

在"一带一路"等战略的支持下,国家的重点基础设施建设政策将继续向中西部倾斜,支持西部地区加快建设高速铁路、重载货运铁路、高速公路网、油气管网、智能电网、重大水利工程等,实现区内基础设施的互联互通;还将制订新政策进一步引导东部产业向中西部转移,促使人才、技术、资金资本向中西部流动,引导重大产业项目向西部布局,支持培育特色优势产业,切实增强中西部地区追赶发展的"造血"功能。

紧紧抓住这一契机,"一带一路"建设能够贯通中西部地区乃至全国的发展中脉,其在中西部的融汇与发散的动能巨大而影响深远。

主要参考文献

[1] 刘俊.中部地区自然资源有序开发的环境约束及化解.经济问题,2008,(10):120—122.

[2] 杨艳琳,许淑嫣.中国中部地区资源环境约束与产业转型研究.学习与探索,2010,(3):154—157.

[3] 石晓峰.我国中部地区体育旅游资源开发策略.武汉体育学院学报,2011,(6):10—16.

[4] 刘纪元,邓祥征,刘卫东,李海英,Robyn KRUK,Derek THOMPSON,Peishen WANG,Xuemei BAI.中国西部绿色发展概念框架.中国人口·资源与环境,2013,(10):1—7.

[5] 马晓京.西部地区民族旅游开发与民族文化保护.旅游学刊,2000,(5):50—54.

[6] 熊正贤.西部地区文化资源的分布特征、利用原则与开发秩序研究.西南民族大学学报(人文社会科学版),2013,(7):149—153.

[7] 张毓峰,张勇,阎星.区域经济新格局与内陆地区发展战略选择.财经科学,2014,(5):103—112.

[8] 李剑林.基于发展观演变的中国区域经济发展战略及空间格局调整.经济地理,2007,(6):896—899.

[9] 杨小军.建国六十年来我国区域经济发展战略的演变及其基本经验.贵州社会科学,2009,(10):53—56.

[10] 赵凌云.1979—1991年间中国区域经济格局变化、原因及其效应.中国经济史研究,2001,(2):64—79.

[11] 郭丽.建国后中国区域经济发展战略的嬗变——兼论区域公平与效率目标的逻辑演进.税务与经济,2009,(6):18—23.

[12] 肖春梅,孙久文,叶振宇.中国区域经济发展战略的演变.学习与实践,2010,(7):5—11.

[13] 罗若愚,张龙鹏.西部地区产业结构变动中的经济增长研究.

财经问题研究,2013,(9):30—36.

[14]张可云.中部地区经济"V"型反转的可持续性分析.中国人民大学学报,2011,(2):72—80.

[15]李袁园.中国省际人口迁移和区域经济发展研究——基于"六普"数据的分析.吉林大学博士论文,2013.

[16]蔡阳,左文鼎.我国区域人口迁移的时代表征及其政策启示.理论探讨,2014,(6):97—100.

[17]王桂新,潘泽瀚,陆燕秋.中国省际人口迁移区域模式变化及其影响因素——基于2000和2010年人口普查资料的分析.中国人口科学,2012,(5):2—13.

[18]刘晏伶,冯健.中国人口迁移特征及其影响因素——基于第六次人口普查数据的分析.人文地理,2014,(2):129—137.

[19]刘生龙.中国跨省人口迁移的影响因素分析.数量经济技术经济研究,2014,(4):83—98.

[20]周福林.我国家庭结构变迁的社会影响与政策建议.中州学刊,2014,(9):83—86.

后　记

　　新中国的经济版图先后经历了区域经济平衡促进与重要工业内移、以改革开放为突破点的梯度集约式发展、东部反哺中西部协调发展和贯通东西和串联南北的经济带与城市群建设等发展阶段。党的十八大以来，中央提出，要优化经济发展空间格局，促进各地区协调发展、协同发展和共同发展；在继续实施西部开发、东北振兴、中部崛起和东部率先的区域发展总体战略的基础上，谋划区域发展大棋局；由东向西、由沿海向内地，培育新的区域经济支撑带，形成发展新格局；重点实施京津冀地区协同发展，依托黄金水道建设长江经济带，以及建设丝绸之路经济带和21世纪海上丝绸之路三大国家战略。

　　经济版图变化既反映区域经济发展战略的取向，亦反映中国经济大格局的演变。本书所要作的即是以简明而通俗的文字为读者展现中国经济版图的演变。

　　本书的逻辑主线和章节构架由我设计提出，四位博士承担了各篇的研究和写作任务。写作分工如下：周立群（总论）、王静（第一篇）、秦静（第二篇）、肖雅楠（第三篇）、张龙鹏（第四篇）。杨国新博士协助我对全书文字进行了梳理和校对，谨此致谢。

周立群

2016 年 12 月于南开园

教育部哲学社会科学研究普及读物书目
（有＊者为已出书目）

2012 年度

《马克思主义大众化解析》 陈占安

＊《马克思告诉了我们什么》 陈锡喜

《为什么我们还需要马克思主义——回答关于马克思主义的 10 个疑问》
　　陈学明

《党的建设科学化》 丁俊萍

＊《〈实践论〉浅释》 陶德麟

《大学生理论热点面对面》 韩振峰

＊《大学生诚信读本》 黄蓉生

《改变世界的哲学——历史唯物主义新释》 王南湜

《哲学与人生——哲学就在你身边》 杨耕

＊《人的精神家园》 孙正聿

＊《社会主义现代化读本》 洪银兴

《中国特色社会主义简明读本》 秦宣

《中国工业化历程简明读本》 温铁军

《中国经济还能再来 30 年快速增长吗》 黄泰岩

《如何读懂中国经济指标》 殷德生

＊《经济低碳化》 厉以宁　傅帅雄　尹俊

《图解中国市场》 马龙龙

＊《文化产业精要读本》 蔡尚伟　车南林

＊《税收那些事儿》 谷成

＊《汇率原理与人民币汇率读本》 姜波克

＊《辉煌的中华法制文明》 张晋藩　陈煜

＊《读懂刑事诉讼法》 陈光中

＊《数说经济与社会》 袁卫　刘超

＊《品味社会学》 郑杭生等

＊《法律经济学趣谈》 史晋川

《知识产权通识读本》 吴汉东

《文化中国》 杨海文

*《中国优秀礼仪文化》 李荣建

*《中国管理智慧》 苏勇 刘会齐

*《社交网络时代的舆情管理》 喻国明 李彪

*《中国外交十难题》 王逸舟

*《中华优秀传统文化的核心理念》 张岂之

*《敦煌文化》 项楚

*《秘境探古——西藏文物考古新发现之旅》 霍巍

《民族精神——文化的基因和民族的灵魂》 欧阳康

《共和国文学的经典记忆》 张文东

《中国传统政治文化讲录》 徐大同

*《诗意人生》 莫砺锋

《当代中国文化诊断》 俞吾金

*《汉字史画》 谢思全

*《"四大奇书"话题》 陈洪

*《生活中的生态文明》 张劲松

《什么是科学》 吴国盛

*《中国强——我们必须做的 100 件小事》 王会

*《我们的家园:环境美学谈》 陈望衡

《谈谈审美活动》 童庆炳

《快乐阅读》 沈德立

《让学习伴随终身》 郝克明

《与青少年谈幸福成长》 韩震

*《教育与人生》 顾明远

*《师魂——教师大计师德为本》 林崇德

《现代终身教育理论与中国教育发展》 潘懋元

*《我们离教育强国有多远》 袁振国

《通俗教育经济学》 范先佐

《任重道远:中国高等教育发展之路》 李元元

2013 年度

《中国国情读本》 胡鞍钢

*《法律解释学读本》 王利明 王叶刚

*《中国特色社会主义经济学读本》 顾海良

*《走向社会主义市场经济》 逄锦聚 何自力

*《中国特色政治发展道路》　梅荣政　孙金华

《什么是科学的经济发展——基本理论与中国经验》　谭崇台

*《"中国腾飞"探源》　洪远朋等

*《社会主义核心价值观的"内省"与"外化"》　黄进

《什么是马克思主义,怎样对待马克思主义——马克思主义观纵横谈》
　高奇

《中国特色社会主义"五位一体"总布局研究》　郭建宁

*《国际社会保障全景图》　丛树海　郑春荣

《社会保障理论与政策解析》　郑功成

《从封建到现代——五百年西方政治形态变迁》　钱乘旦

《GDP 的科学性和实际价值在哪里》　赵彦云

《社会学通识教育读本》　李强

《传情和达意——语言怎样表达意义》　沈阳

《生活质量研究读本》　周长城

*《做幸福进取者》　黄希庭　尹天子

*《外国文学经典中的人生智慧》　刘建军

《什么样的教育能让人民满意》　石中英

《正说科举》　刘海峰

2014 年度

《"中国梦"的民族特点和世界意义》　孙利天

《"中国梦"与软实力》　骆郁廷

《走进世纪伟人毛泽东的哲学王国》　周向军

《社会主义核心价值观与我们的生活》　吴向东

*《中国反腐败新观察》　赵秉志　彭新林

《中国居民消费——阐释、现实、展望》　王裕国

《从公司治理到国家治理》　李维安

《"阿拉伯革命"的热点追踪》　朱威烈

《中国制造的全球布局》　刘元春

《从小康走向富裕》　黄卫平

《中国人口老龄化与老龄问题》　杜鹏

*《中国区域经济新版图》　周立群等

《钓鱼岛归属真相——谎言揭秘(以证据链的图为主)》　刘江永

《走入诚信社会》　阎孟伟

*《美国霸权版"中国威胁"谰言的前世与今生》　陈安

《如何认识藏族及其文化》　石硕

*《中国故事的文化软实力》　王一川等

《文化遗产的古与今》　高策

《课堂的革命》 钟启泉
《大学的常识》 邬大光
《识字与写字》 王宁

2015 年度
《我们为什么需要历史唯物主义》 郝立新
*《全面建成小康社会中的农民问题》 吴敏先等
《法治政府建设的基本原理与中国实践》 朱新力
《走向全面小康的民生幸福路》 韩喜平
《我们时代的精神生活》 庞立生
《习近平话语体系风格读本》 凌继尧
《为什么南海诸岛礁确实是我们的国土?》 傅崐成
《生活在"网络社会"》 陈昌凤
《中国古代发达的农业和农业文明》 贺耀敏
《你不能不知道的刑法知识》 王世洲
《从安纳伯格庄园到中南海瀛台——构建中美新型大国关系的故事》 倪世雄
《如何提高创新创业能力》 赖德胜
《身边的数据会说话》 丁迈
《中国与联合国》 张贵洪
《中国特色的佛教文化》 洪修平
《敦煌与丝绸之路文明》 郑炳林
《艺术与数学》 蔡天新
《走近档案》 冯惠玲
《中华传统文明礼仪读本》 王小锡
《重建中国当代伦理文明与家教门风》 于丹
*《文化兴国的欧洲经验》 朱孝远
《中国人民伟大的抗日战争》 陈红民
《心理学纵横谈》 彭聃龄
《教育振兴从校园体育开始》 王健
《核心素养:教育领域综合改革的方向》 靳玉乐

图书在版编目(CIP)数据

中国区域经济新版图 / 周立群等著. -- 南京：江苏人民出版社：江苏凤凰美术出版社，2017.10
（教育部哲学社会科学研究普及读物）
ISBN 978 - 7 - 214 - 21126 - 2

Ⅰ. ①中… Ⅱ. ①周… Ⅲ. ①区域经济发展−中国 Ⅳ. ①F127

中国版本图书馆 CIP 数据核字(2017)第 188728 号

书　　　名	中国区域经济新版图
著　　　者	周立群 等
责 任 编 辑	卞清波
责 任 校 对	陆　扬
责 任 监 制	王列丹
装 帧 设 计	刘葶葶
出 版 发 行	江苏人民出版社 江苏凤凰美术出版社
出版社地址	南京市湖南路 1 号 A 楼，邮编：210009
出版社网址	http://www.jspph.com
照　　　排	江苏凤凰制版有限公司
印　　　刷	江苏凤凰扬州鑫华印刷有限公司
开　　　本	890 毫米×1 240 毫米　1/32
印　　　张	6.75　插页 1
字　　　数	130 千字
版　　　次	2017 年 10 月第 1 版　2017 年 10 月第 1 次印刷
标 准 书 号	ISBN 978 - 7 - 214 - 21126 - 2
定　　　价	29.00 元

（江苏人民出版社图书凡印装错误可向承印厂调换）